C. Mazzotta

A1|A2

italiano in pratica

PER COMUNICARE IN OGNI SITUAZIONE

ALMA Edizioni

direzione editoriale: Massimo Naddeo
redazione: Marco Dominici, Euridice Orlandino
copertina: Lucia Cesarone
progetto grafico: Lucia Cesarone
impaginazione: Gabriel De Banos
illustrazioni: Roberto Ghizzo

Printed in Italy
ISBN 978-88-6182-502-4
prima edizione: marzo 2017

ALMA Edizioni
viale dei Cadorna 44
50129 Firenze
alma@almaedizioni.it
www.almaedizioni.it

Fonti iconografiche
p. 9 | Dirima/Shutterstock; p. 15 | Sandra van der Steen/Shutterstock, Kues/Shutterstock, Ariwasabi/Shutterstock, Amazingmikael/Shutterstock; p. 20 | Samara/Shutterstock; p. 21 | Everything/Shutterstock, Gabriele Maltinti/Shutterstock; p. 25 | https://pixabay.com/it/impegno-coppia-romanticismo-bici-1718244/; p. 27 | https://pixabay.com/it/centro-commerciale-vetrine-1316787/; p. 33 | Brian A. Jackson/Shutterstock; p. 38 | screenshot da Google maps; p. 44 | Niyom Napalai/Shutterstock; p. 50 | 1000 Words/Shutterstock; p. 54 | Peter Titmuss/Shutterstock; p. 56 | Laimdota Grivane/Shutterstock; p. 61 | Nika Art/Shutterstock, Duplass/Shutterstock, Max kegfire/Shutterstock, Daniel M Ernst/Shutterstock, Business plus/Shutterstock; p. 62 |Evgeniia Abisheva/ Shutterstock; p. 64 | Olena Yakobchuk/Shutterstock; p. 66 | Pavel Vakhrushev/Shutterstock; p. 68 | Dirima/Shutterstock, Mega Pixel/Shutterstock, Olga Popova/Shutterstock, SFIO CRACHO/Shutterstock, Tarzhanova/Shutterstock, Nadiia Korol/Shutterstock, TyBy/Shutterstock, a Sk/Shutterstock, Ruslan Kudrin/Shutterstock, Eugen Partizan/Shutterstock, Yuri Gulakov/Shutterstock; p. 69 | Olga Popova/Shutterstock, Ruslan Kudrin/Shutterstock, Tarzhanova/ Shutterstock, Yuri Gulakov/Shutterstock, p. 72 | Ruslan Kudrin/Shutterstock, Yuri Gulakov/Shutterstock, Tarzhanova/Shutterstock, Olga Popova/Shutterstock, alekleks/Shutterstock, Mega Pixel/Shutterstock, Khvost/Shutterstock; p. 75 | taviphoto/Shutterstock, photomaster/Shutterstock, bluedog studio/Shutterstock, Dmitry Kalinovsky/Shutterstock, Bahadir Yeniceri/Shutterstock; p. 75 | photomaster/Shutterstock, Kalinovsky/Shutterstock; p. 80 | Yafeto/Shutterstock; p. 82 | Photographee.eu/Shutterstock, FabrikaSimf/Shutterstock, Stokkete/Shutterstock, Nadino/Shutterstock, dotshock/Shutterstock; p. 85 | https:// pixabay.com/it/localit%C3%A0-mare-taormina-italia-1910194/; p. 95 | https://www.pexels.com/photo/marketing-man-person-communication-362; p. 100 | xan/Shutterstock, NL_Studio/Shutterstock, CervelliInFuga/Shutterstock, ilolab/Shutterstock, petereleven/Shutterstock, Araya Gerabun/Shutterstock, Andrey Starostin/Shutterstock; p. 105 | absolutimages/Shutterstock, Drobot/Shutterstock, Sidarta/Shutterstock, Olena Zaskochenko/Shutterstock, peang/ Shutterstock, file404/Shutterstock; p. 106 | deepblue/Shutterstock; p. 107 | Hazem.m.kamal/Shutterstock, goodluz/Shutterstock, Lukas Gojda/Shutterstock, Red Fish Images/Shutterstock, Daniel Heighton/Shutterstock, stable/Shutterstock; p. 108 | Gabor Balazs/Shutterstock; 112 | Tyler Olson/Shutterstock, Andrey_Popov/Shutterstock, Voyagerix/Shutterstock, Alexander Raths/Shutterstock; p. 114 | Iakov Filimonov/Shutterstock, Igor Sinkov/Shutterstock, Syda Productions/Shutterstock, p. 115 | seyomedo/Shutterstock, maxriesgo/Shutterstock; p. 116 | Solovyov /Shutterstock, Andrey Arkusha/Shutterstock; 119 | FCSCAFEINE/Shutterstock; p. 127 | rui vale sousa/Shutterstock

Benvenuti in ITALIANO IN PRATICA!

Che cos'è?

Italiano in pratica è una **guida** semplice e di pronto uso per lo studente principiante che vuole conoscere e approfondire le **espressioni italiane** da usare nei **contesti quotidiani** più frequenti: presentarsi, chiedere l'ora, dare indicazioni, parlare con il medico, e così via. In **20 lezioni** vengono presentate forme, espressioni e strutture tipiche secondo una progressione graduale da **A1** a **A2**.

Il volume si concentra sulla **competenza sociopragmatica**, cioè la capacità di interagire in modo appropriato al contesto sia dal punto linguistico sia da quello culturale e sociale. *Italiano in pratica* vuole dare la possibilità di lavorare su questo aspetto importante della competenza comunicativa, che fornisce allo studente gli strumenti per tre scopi principali:

- perseguire i propri fini attraverso la comunicazione;
- scegliere il registro adeguato;
- sviluppare la capacità di interagire con gli altri in maniera appropriata rispetto al contesto in cui si trova.

Obiettivo del volume è quindi far sì che lo studente raggiunga, in classe o in autoapprendimento, l'efficacia pragmatica e l'appropriatezza sociolinguistica e culturale necessarie per relazionarsi in maniera consapevole con gli altri nella lingua seconda.

Composizione del libro

Il volume è strutturato in **20 lezioni**, ognuna articolata in **tre sezioni**:

1. Parte introduttiva alla lezione: è organizzata in tavole classificate per funzioni comunicative, con liste ragionate di tutte le espressioni prese in considerazione. Nella parte introduttiva sono presenti anche **sezioni lessicali illustrate**, per fornire un'immediata comprensione degli elementi presenti nella lezione.

CHIEDERE E DARE INFORMAZIONI STRADALI *

attirare l'attenzione

(Senta) scusi, ...

chiedere informazioni

(Sa) dov'è via Garibaldi?
Mi sa dire / Sa dirmi dov'è via Garibaldi?
Mi può dire / Può dirmi dov'è via Garibaldi?
Via Garibaldi è { lontano? / vicino?
C'è una farmacia { qui vicino? / da queste parti?

numeri ordinali

1° = primo	6° = sesto
2° = secondo	7° = settimo
3° = terzo	8° = ottavo
4° = quarto	9° = nono
5° = quinto	10° = decimo

rispondere

\+ andare
Lei va (sempre) dritto fino al semaforo...
Lei deve andare (sempre) dritto...

prendere
(Lei) prende la prima / seconda / ... { a destra
(Lei) deve prendere... { a sinistra

attraversare
Lei attraversa / (Deve) attraversare { la strada / il ponte / la piazza } e poi...

girare / svoltare
Lei gira / svolta { a destra...
(Deve) girare / svoltare { a sinistra...

camminare / continuare
Cammina / Continua per 100 / 200 / ... metri...
Fa 100 / 200 / ... metri...

− Mi dispiace, { non lo so. / non sono di qui. / non sono di queste parti.

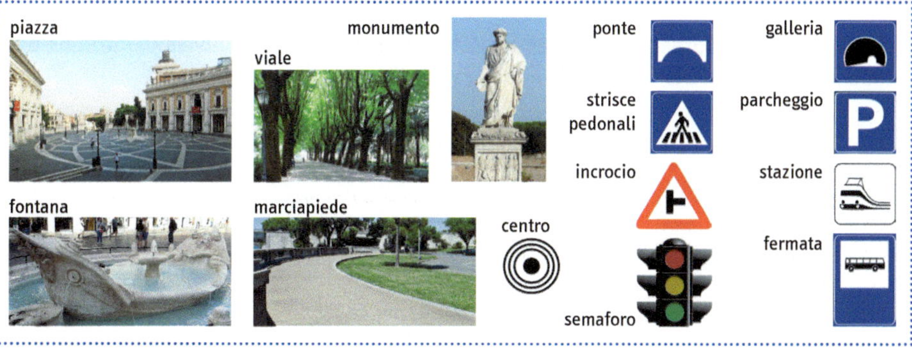

Benvenuti in ITALIANO IN PRATICA!

2. Esercizi e attività per esercitare le strutture presentate nella parte introduttiva.

Gli esercizi, vari e aderenti al lessico della lezione,

- seguono la sequenza e l'ordine di presentazione delle liste;
- approfondiscono in maniera coerente le espressioni presenti nella lezione;
- sono spesso supportati da schemi e illustrazioni;
- sono completati da **vignette** e dai box ***Qualcosa di più***, veri e propri focus su determinati usi e modi dell'italiano più quotidiano in cui si trattano curiosità di tipo non solo linguistico, ma anche socio-culturale .

6 | Abbina le immagini ai dialoghi.

a. ☐
- Ti va un caffè?
- ▪ No, grazie, l'ho appena preso.

b. ☐
- Un caffè?
- ▪ Molto volentieri, grazie!

c. ☐VÐ Qualcosa da mangiare?
- ▪ Eh... prendo un panino al prosciutto, grazie.

d. ☐
- Ti offro un caffè?
- ▪ No, grazie, ora non posso, devo andare.

1. 

2. 

3. 

4. 

QUALCOSA IN PIÙ

In Italia i regali si aprono subito, di fronte alle persone che li hanno portati.

3. Video: *Italiano in pratica* è integrato da **20 video** che offrono allo studente una sintesi immediata ed efficace di ogni lezione. I video, **tutti sottotitolati in italiano**, sono visibili su **ALMA.tv**, la prima web tv dedicata alla lingua e alla cultura italiana, nella rubrica "Italiano in pratica".
L'ultima sezione di ogni lezione, **Attività video**, presenta esercizi di comprensione e rinforzo per dare allo studente la possibilità di lavorare attivamente su ogni video e ritornare sul lessico e sulle espressioni incontrate nel corso della lezione.

2 | Indica la frase che corrisponde all'immagine a destra. Poi guarda il video e controlla.

a. *Buongiorno* va bene in situazioni formali e informali.
b. *Buongiorno* va bene solo con gli amici.
c. *Buongiorno* va bene solo nelle situazioni formali.

Il libro si conclude con quattro pagine di liste delle **espressioni più frequenti**: le espressioni sono suddivise per lezione e affiancate da uno spazio in cui lo studente può scrivere la traduzione nella propria lingua.

Non resta che entrare in *Italiano in pratica* e... comunicare in ogni situazione!

LEZIONE 1
ciao o buongiorno? p. 6
Esercizi p. 7
Attività video p. 11

LEZIONE 2
presentarsi e presentare p. 12
Esercizi p. 13
Attività video p. 16

LEZIONE 3
al bar e al ristorante p. 17
Esercizi p. 18
Attività video p. 22

LEZIONE 4
che ore sono? p. 23
Esercizi p. 24
Attività video p. 28

LEZIONE 5
che giorno è? p. 29
Esercizi p. 30
Attività video p. 34

LEZIONE 6
è lontano il museo? p. 35
Esercizi p. 36
Attività video p. 40

LEZIONE 7
che tempo fa? p. 41
Esercizi p. 42
Attività video p. 45

LEZIONE 8
quanto ne vuole? p. 46
Esercizi p. 47
Attività video p. 51

LEZIONE 9
tanti auguri! p. 52
Esercizi p. 53
Attività video p. 57

LEZIONE 10
la famiglia p. 58
Esercizi p. 59
Attività video p. 63

TEST 1 – parte A p. 64
TEST 1 – parte B p. 66

LEZIONE 11
come mi sta? p. 68
Esercizi p. 69
Attività video p. 73

LEZIONE 12
uomini e animali p. 74
Esercizi p. 75
Attività video p. 79

LEZIONE 13
in vacanza p. 80
Esercizi p. 81
Attività video p. 86

LEZIONE 14
come rimaniamo? p. 87
Esercizi p. 88
Attività video p. 92

LEZIONE 15
volevo dirti una cosa... p. 93
Esercizi p. 94
Attività video p. 97

LEZIONE 16
buon appetito! p. 98
Esercizi p. 99
Attività video p. 103

LEZIONE 17
andare dal medico p. 104
Esercizi p. 105
Attività video p. 110

LEZIONE 18
che lavoro fai? p. 111
Esercizi p. 112
Attività video p. 117

LEZIONE 19
parole d'amore p. 118
Esercizi p. 119
Attività video p. 123

LEZIONE 20
casa, dolce casa p. 124
Esercizi p. 125
Attività video p. 130

TEST 2 – parte A p. 131
TEST 2 – parte B p. 133
Tabelle con le espressioni più frequenti p. 135
Soluzioni degli esercizi p. 139

SALUTARE

quando arrivo

INFORMALE

Ciao!
Salve!
Buongiorno.
Buonasera.

FORMALE

Salve!
Buongiorno.
Buonasera.

QUALCOSA IN PIÙ

Alcuni saluti hanno anche una forma abbreviata che però si usa solo in modo informale.

Buongiorno. → 'Giorno.
Buonasera. → 'Sera.
Buonanotte. → 'Notte.

quando vado via

INFORMALE

Ciao. / Ciao ciao.
Ti saluto.

FORMALE

ArrivederLa.
La saluto.

INFORMALE E FORMALE

Arrivederci.
Buonanotte.
Buona giornata.
Buona serata.

A { domani. / presto. / più tardi. / dopo.

Al	prossimo	lunedì / sabato / …	
A		lunedì / sabato / … /	prossimo.
Alla	prossima (volta).		

occasioni particolari

Buon divertimento.	[a chi va a una festa]
Buon viaggio!	[a chi fa un viaggio]
Buona domenica.	[il sabato o la domenica mattina]
Buon fine settimana / weekend.	[il venerdì o il sabato]
Buon pranzo. / Buona cena.	[prima di andare a mangiare]
Buone vacanze.	[a chi fa una vacanza]

QUALCOSA IN PIÙ

*Con i **titoli** maschili (signore, professore, dottore, ecc.) che finiscono in -ore si toglie la -e finale se dopo c'è un cognome. Il femminile invece è sempre con la -a (signora, professoressa, dottoressa ecc).*

Buongiorno, signore / professore / dottore.
Buongiorno, signor / professor / dottor Pini.
Buongiorno, signora.
Buongiorno, signora Carli.

SALUTARE

1 | Scegli una delle opzioni e completa i dialoghi, come nell'esempio.

1. ~~ciao~~ / La saluto

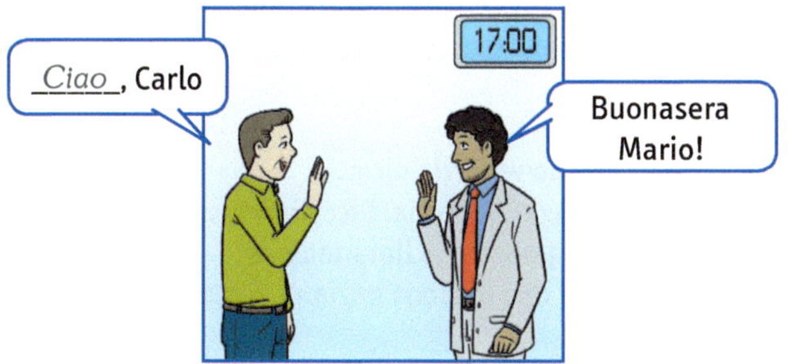

2. Buongiorno / A domani

3. Buona serata / Buonasera

4. Buona sera / Buongiorno

5. ArrivederLa / Buongiorno

6. Ciao ciao / ArrivederLa

2 | Sottolinea la forma corretta, come nell'esempio.

a. ● Buongiorno, **signore / signor**.
■ Buongiorno, **professore / professor**.

b. ● Buonasera, **professore Pini / professor Pini**.
■ Buonasera, dottoressa Franchi.

c. ● ArrivederLa, **dottor / dottore**.
■ Arrivederci.

d. ● **Dottore Bruni / Dottor Bruni**, La saluto.
■ Arrivederci.

QUALCOSA IN PIÙ

In alcune zone d'Italia è possibile sentire la gente salutarsi con **ciao bello / bella**, *o* **ciao, caro / cara** *(ma ci sono molte varianti, dipende anche dalla regione italiana): sono modi per esprimere affetto per una persona che conosciamo bene. Si tratta di un modo di salutare comune anche fra persone dello stesso sesso.*

3 | Completa il cruciverba.

→ ORIZZONTALI
1. Un saluto per gli amici.
3. *Buongiorno,* _______________ Pini.
6. *Arrivederci*, formale.
7. Prima di dormire si dice: Buon ...
8. Prima del weekend si dice: Buon ...

↓ VERTICALI
2. Quando vado via dico: ...
3. Ore 19:00, vado via. Dico: Buona ...
4. *Buongiorno*, o ... (informale)w
5. Saluti una persona anziana. È mattina.

4 | Completa schema con le parole della lista, come nell'esempio.

salve | buongiorno | La saluto | ti saluto | arrivederci | buonasera | ~~ciao~~ | arrivederLa

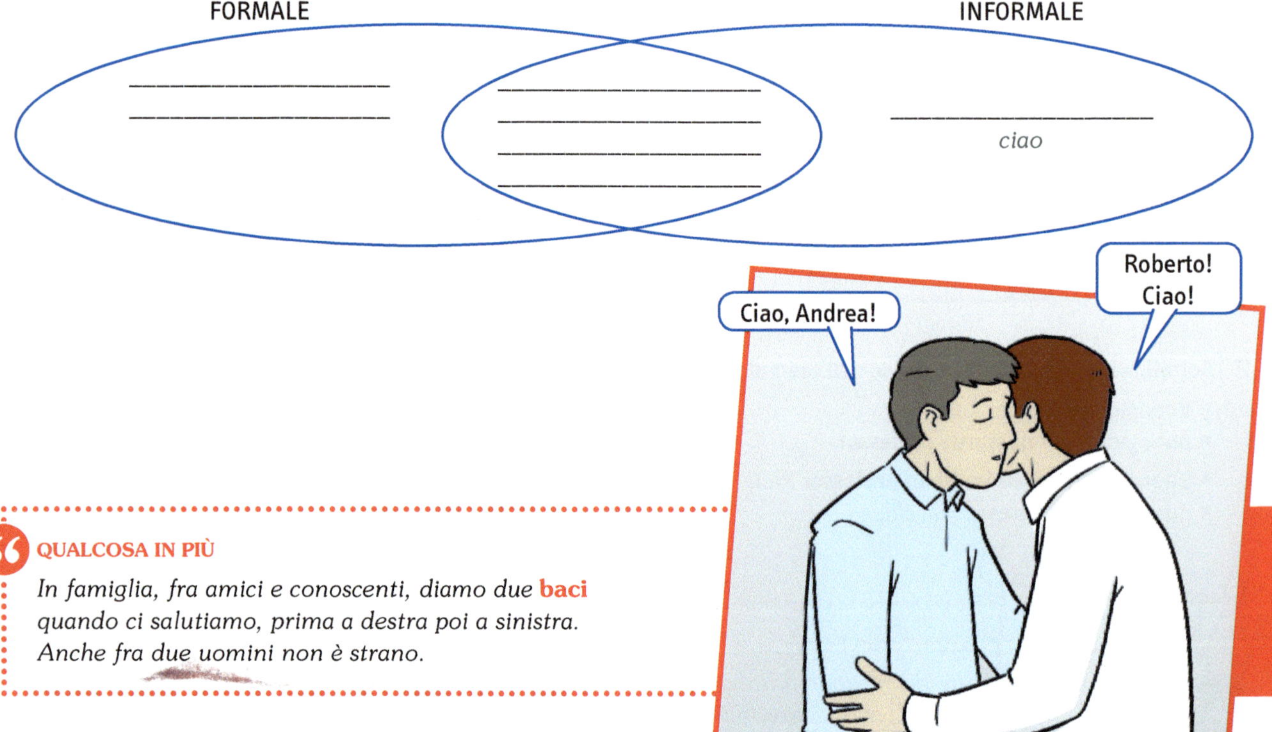

QUALCOSA IN PIÙ

In famiglia, fra amici e conoscenti, diamo due ***baci*** *quando ci salutiamo, prima a destra poi a sinistra. Anche fra due uomini non è strano.*

5 | Completa i dialoghi con le parole della lista.

viaggio | vacanze | domani | giornata | divertimento

1.
■ Ciao, Franco!
● Ciao ciao, buon ___________________.

2.
Buon ___________________!

3.
■ Buone ___________________!

4.
■ Ti saluto.
● A ___________________!

5.
■ Ciao, amore.
● Buona ___________________!

RIPASSO

1 | Completa le tabelle con le parole della lista, come nell'esempio.

~~ciao~~ | tardi | buonanotte | salve | presto | arrivederLa | ciao ciao | buonasera

quando arrivo

FORMALE
buongiorno
____
salve

INFORMALE
ciao
buongiorno
buonasera
____

quando vado via

INFORMALE
ciao / ____________
ti saluto
arrivederci
buonanotte

FORMALE
____
La saluto
arrivederci
____
buona giornata
buona serata

a – domani
a – ____________
a – più ____________

2 | Collega le parti di sinistra con le parti di destra, come nell'esempio.

A
Alla
Al

lunedì prossimo.
prossima volta.
domani.
dopo.
lunedì.
domenica prossima
prossimo fine settimana.
prossima.
più tardi.

3 | Scegli l'opzione corretta fra ARRIVANO / VANNO VIA.

a. ● Buona serata, dottor Carli.
■ ArrivederLa, dottor Faggi.
☐ ARRIVANO / ☐ VANNO VIA

b. ● Ti saluto, Roberto.
■ A più tardi!
☐ ARRIVANO / ☐ VANNO VIA

c. ● La saluto, direttore.
■ Buon fine settimana!
☐ ARRIVANO / ☐ VANNO VIA

d. ● Salve!
■ Buongiorno!
☐ ARRIVANO / ☐ VANNO VIA

QUALCOSA IN PIÙ

Buonanotte al secchio *è un'espressione che significa che un determinato progetto o proposito non ha più speranze di successo.*

● Dove vai in vacanza, quest'anno?
■ Quest'anno? Non ho un euro... e le vacanze, buonanotte al secchio!

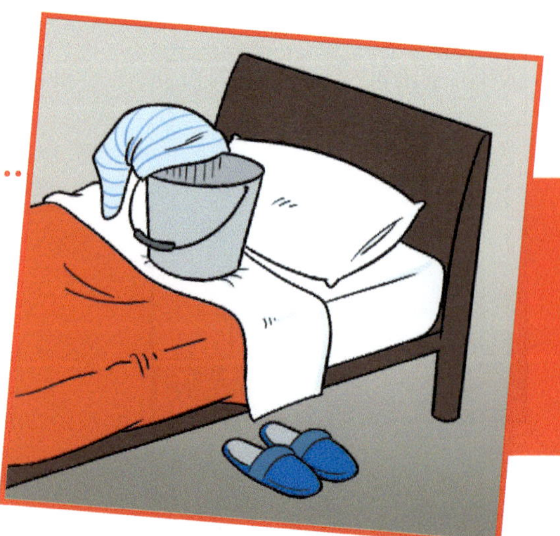

1 | Prima di guardare il video, scegli l'opzione corretta per completare gli spazi bianchi nelle immagini. Poi guarda il video e controlla la soluzione.

a.

vado / arrivo

b.

serata / giornata

2 | Indica la frase che corrisponde all'immagine a destra. Poi guarda il video e controlla.

a. *Buongiorno* va bene in situazioni formali e informali.
b. *Buongiorno* va bene solo con gli amici.
c. *Buongiorno* va bene solo nelle situazioni formali.

3 | Vero o falso?

	VERO	FALSO
a. *Buongiorno* è formale e si usa fino alle quattro di pomeriggio.	☐	☐
b. *Ciao* è formale.	☐	☐
c. *Ciao* è per quando arrivo e quando vado via.	☐	☐
d. *Arrivederci* è solo per quando vado via.	☐	☐
e. *Buona giornata* è per quando arrivo.	☐	☐
f. *Buona serata* è per quando vado via.	☐	☐

4 | Completa la trascrizione con le parole della lista, come nell'esempio. Poi guarda il video e controlla la soluzione.

come | domani | arrivo | dico | amici | va bene | ~~differenza~~ | dico

Ma che ___*differenza*___ c'è tra ciao e *buongiorno*? *Buongiorno* è formale e informale, ______________ per tutti: "Buongiorno, Andrea!", "Buongiorno, Dottor Pini.". *Ciao* è per gli ______________: "Ciao, Valeria!", "Ciao, Anna!". *Ciao* è quando ______________ e quando vado via; quando arrivo ______________: "Ciao, Valerio, ______________ stai?". Quando vado via ______________: "Ciao, Valerio, a ______________!".

PRESENTARSI

presentarsi

INFORMALE E FORMALE
Mi presento: Paolo Rossi.

SOLO FORMALE
Permette che mi presenti? Paolo Rossi.

domandare il nome

INFORMALE
Come ti chiami?
Qual è il tuo nome / cognome?

FORMALE
Come si chiama?
Qual è il Suo nome / cognome?

rispondere

INFORMALE
E FORMALE
(Io) sono...
(Io) mi chiamo...

presentare una persona

INFORMALE
Ti presento...

FORMALE
Le presento...

INFORMALE E FORMALE
Lui / Lei è...

dopo la presentazione

(Molto) piacere!
Piacere (mio).
Molto lieto.

quando vado via dopo la presentazione

(È stato un) piacere!

CHIEDERE COME STAI

INFORMALE
Come stai?

FORMALE
Come sta?

INFORMALE E FORMALE
Come va?

\+
Benissimo. ☺ ☺ ☺
(Molto) bene. ☺ ☺

Tutto ok. ☺
Tutto bene. ☺
Tutto a posto. ☺

Abbastanza bene. 😐
Non c'è male. 😐
Insomma. 😐
Così così. 😐

–
Male. ☹
Malissimo. ☹ ☹

?
Perché?
Che cosa è successo?
Come mai?

QUALCOSA IN PIÙ

Nel mondo del lavoro di solito non si dice "piacere", ma solo il nome e il cognome (o solo il cognome), con buongiorno / buonasera.

PRESENTARSI

1 | Sottolinea l'opzione corretta, come nell'esempio.

a. • Ciao, mi chiamo Franco e **Lei / tu**?
■ Francesca, **piacere / felice**.

b. • Qual è il suo nome?
■ Federici.
• Molto **piacere / mio**.

c. • Sono Roberto e tu, come ti **chiama / chiami**?
■ Mi **chiamo / chiami** Filippo.

d. • Signor Raggi Le **presento / nome** il signor Palli, un mio amico.
■ Carlo Palli, molto lieto.

e. • Maria, ti presento Francesca, una mia amica.
■ Ciao Francesca, piacere.
• Piacere **mio / molto**.

f. • Come ti **chiama / chiami**?
■ Marco e **tu / Lei**?
• Franco, piacere.

g. • Qual è il suo nome?
■ **Enzo / Ferrari.**
• E il suo cognome?
■ **Enzo / Ferrari.**

h. • Mi **presento / nome**: Pino Verdi.
■ Piacere, Nuccio Frati.
• Piacere mio.

i. • ArrivederLa signor Marini, è stato un **piacere / lieto**.
■ Piacere mio!

2 | Completa il dialogo con le parole delle liste, come nell'esempio.

a. piacere | chiami | qual
• Come ti _*chiami*_?
■ Roberto, piacere. E tu, ___________ è il tuo nome?
• Giovanna, ___________.

b. mio | presento | lieto
• Dottor Pini, Le ___________ mia nonna, Oriana Guermi.
■ Molto ___________ signora Guerrini.
♦ Piacere ___________ .

c. sono | piacere | chiami
• Io ___________ Bruno e tu come ti ___________?
■ Io Stefano, ___________.
• Piacere.

3 | Completa il dialogo con le parole della lista. Attenzione, in ogni dialogo c'è una parola di troppo, trovala e cancellala come nell'esempio.

a. cognome | nome | ~~come~~
• Scusa, qual è il tuo _*nome*_ ?
■ Mario.
■ E il _*cognome*_ ?
• Pavarotti.

b. Le | si | chiamo | mio | piacere | io
• Scusi, come ___________ chiama?
■ Novelli, Arturo Novelli.
• Piacere, signor Novelli, ___________ sono il professor Fini.
■ Buonasera, professor Fini. ___________ presento il dottor Starnone, il nostro direttore del marketing.
♦ ___________.
• Piacere ___________.

c. un | il | piacere | stato
• Ciao! È ___________ ___________ piacere .
■ Ciao! ___________ mio.

d. signor | il | buongiorno | sì | presento
• Lei è ___________ ___________ Bocelli?
■ ___________, Giacomo Bocelli.
• Buongiorno, Francesco Rossi.
■ Giuseppe Nasi, ___________.

e. sei | chiamo | mi | nome
• ___________ Mario, Mario Ferrari?
■ No, ___________ ___________Paolo Bianchi.

4 | Ordina le espressioni e forma una frase corretta, come nell'esempio.

a. ciao, | chiami | come | ti
*Ciao, come ti chiami*_______________?

b. mio | il | presento | assistente | Le
___________________________________.

c. è | il | nome | Suo | qual
___________________________________?

d. si | come | chiama
___________________________________?

e. chiami | ti | Sandro
___________________________________?

CHIEDERE COME STAI

1 | Sottolinea l'opzione corretta, come nell'esempio.

a. • Ciao, come / qual stai?
■ Bene, grazie.

b. • Ciao Marco come **sta / va**?
■ Bene grazie e **tu / Lei**?
• Non c'e **male / bene**.

c. • Buonasera, dottor Muraro, come **sta / stai**?
■ Insomma.
• **Perché / Qual**? Che cosa è successo?
■ Sono un **po' / mio** stanco.

d. • Buonasera, dottoressa Merli, come **va / stai**?
■ **Insomma / Molto bene**, sono un po' stanca.

e. • Buongiorno Mario, tutto **bene / insomma**?
■ Sì, grazie dottore, e **bene / Lei?**
• **Tutto / Non** c'è male grazie. A più tardi.
■ Buona giornata, dottore.

f. • Ciao Francesco, come **va / vai**?
■ **È / Tutto** bene, grazie e **tu / Lei**?

g. • Ciao Carlo, **come / perché** stai?
■ Benissimo, grazie!
• Ah, che cosa è **bene / successo**?
■ Ho vinto alla lotteria!

h. • Salve, Noemi, come stai?
■ Così così.
• Ah, **come mai / qual è**?
■ Ho un po' di febbre.

2 | Completa i dialoghi con le parole della lista.

abbastanza | tutto | bene | insomma | posto

a. • Come va?
■ __________ a __________, grazie.

b. • Come stai?
■ __________ .

c. • Come stai?
■ __________ __________, grazie.

3 | Sottolinea le reazioni non logiche o non corrette tra quelle **evidenziate**, come nell'esempio.

a. • Come va?
■ **Molto male.**
■ **Fantastico!**

b. • Come stai?
■ **Molto bene.**
■ **Mi dispiace.**

c. • Come va?
■ **Così così.**
■ **Ah, come mai?**

d. • Come sta, signora Verdini?
■ **Abbastanza bene.**
■ **Grazie, e Lei?**

e. • Come va? Tutto bene?
■ **No, sto male.**
■ **Mi dispiace.**

f. • Come stai, Irene?
■ **Abbastanza bene, e tu?**
■ **Anch'io sto malissimo.**

4 | Completa i dialoghi. Le prime lettere di ogni parola sono già presenti, come nell'esempio.

a. • Ciao, come stai?
■ Be_*ne*_ gr_*azi*_e e tu?
• Bene.

b. • Buonasera signora Franchi, come sta?
■ Eh, in____.
• Perché, cosa è successo?
■ Sono un po' st____.

c. • Ciao Franco, come stai?
■ Tu____ bene grazie, e tu?
• Non c'è male.

5 | Vuoi chiedere a un amico come sta: quali domande non si usano in questo contesto?

☐ Come stai? ☐ Come vai? ☐ Come fai?
☐ Come va? ☐ Com'è tutto? ☐ È bene?

RIPASSO

1 | Collega ogni frase alla reazione appropriata.

1. Ti presento Nicola.
2. Come va?
3. Sto molto bene, e Lei?
4. Sto così così in questo periodo.
5. Le presento la signora Lodi.

a. Anch'io, grazie.
b. Ah, mi dispiace, come mai?
c. Piacere, Gino Righi.
d. Non c'è male.
e. Ciao, io sono Nadia.

QUALCOSA IN PIÙ

*Alla domanda "Come va?" non si risponde "È bene. / È male.", ma si risponde: "**Bene**. / **Male**."*

2 | Ordina dal più positivo al più negativo le risposte possibili alla domanda "Come va?" contenute nella lista, come nell'esempio.

~~molto bene~~ | bene | tutto a posto | malissimo | insomma così così | male

☺☺ benissimo / _molto bene_
☺ ________________/________________
😐 ________________/________________
☹ ________________________________
☹☹ ________________________________

3 | Inserisci nella posizione appropriata le parole della lista, come nell'esempio.

Mi | ~~signora~~ | sono | lieta | mio | presento

- ● Buonasera, è Lei la Pini?
- ■ Sì io.
- ● Presento: Mario Fineschi.
- ■ Buonasera signor Fineschi, molto.
- ● Piacere mio. Le il dottor Morelli, il nostro direttore.
- ♦ Fabio Morelli, molto piacere.
- ■ Francesca Pini, piacere.

4 | Abbina le parti di sinistra con le parti di destra, come nell'esempio.

1. Molto	a. stai?
2. Qual	b. così.
3. Ciao, come	c. il dottor Zola.
4. Questa è	d. piacere.
5. Così	e. è il tuo nome?
6. È stato	f. un piacere.
7. Le presento	g. mio.
8. Ti	h. Roberta, mia sorella.
9. Piacere	i. presento mia madre.

QUALCOSA IN PIÙ

*Non è possibile dire **molto benissimo**.*
*È possibile dire **benissimo** oppure **molto bene**.*

QUALCOSA IN PIÙ

*In Italia, nelle presentazioni le persone si **stringono** sempre la **mano**, sia in contesti formali che informali.*

5 | Come stanno queste persone? Scrivi le espressioni della lista sotto le immagini.

male | molto bene | abbastanza bene

a.

____

a.

____

c.

____

1 | Prima di guardare il video, scegli l'opzione corretta. Poi guarda il video e controlla la soluzione.

a.

😐 / 😊

b.

😖 / 😊

2 | Indica la frase che corrisponde all'immagine a destra. Poi guarda il video e controlla.

a. È possibile usare *come va?* in tutte le situazioni.
b. *Come va?* va bene solo nelle situazioni informali.
c. Non è possibile chiedere *come va* a una persona importante.

3 | Scegli l'opzione corretta tra quelle **evidenziate**.

a. Usiamo *molto lieto* **solo con gli amici / con le persone importanti.**
b. Di solito la presentazione finisce **con una stretta di mano / con due baci.**
c. Quando **andiamo via / arriviamo** possiamo dire *È stato un piacere.*
d. La domanda ***come sta / come stai*** è informale.
e. I due baci vanno bene **solo quando arriviamo / quando arriviamo o andiamo via.**
f. Di solito si risponde che va tutto **male / bene.** Raramente si risponde *male / malissimo.*

4 | Completa con gli elementi della lista. Poi guarda il video e controlla.

o | tutti | dire | con | e | quando | diamo | anche

a. Cosa diciamo __________ ci presentiamo? Possiamo __________ *piacere,* __________ *molto piacere,* o __________ *molto lieto.*
b. C'è *come stai?* __________ gli amici, *come sta?* quando __________ del Lei e c'è una soluzione comoda __________ semplice che vale per __________: *come va?*

OFFRIRE – ACCETTARE – RIFIUTARE

offrire

INFORMALE	FORMALE
Vuoi / Ti va un caffè... ?	Vuole / Le va un caffè... ?
Prendi / Ti offro un caffè... ?	Prende / Le offro un caffè... ?
Che ne dici di... ?	Che ne dice di... ?
Un caffè?	
Vuoi qualcosa (da bere / mangiare)?	Vuole qualcosa (da bere / mangiare)?
Cosa prendi?	Cosa prende?

accettare

INFORMALE E FORMALE

Sì grazie, (molto) volentieri.
Con piacere.

Prendo un...

rifiutare

INFORMALE E FORMALE

No grazie / Mi dispiace, l'ho appena / già preso.

Grazie,
- ora non posso, magari un'altra volta.
- ma non bevo caffè.
- sto bene così.
- non mi va.

insistere in modo gentile

INFORMALE

Non fare complimenti!

FORMALE

Non faccia complimenti!

Per saperne di più su questa espressione, vai su ALMA.tv *e guarda il video "Non fare complimenti!" nella rubrica* Vai a quel paese.

ORDINARE E PAGARE

ordinare al bar

INFORMALE

Mi fai un caffè... ?
(Vorrei) un caffè... per cortesia / per favore.

FORMALE

Mi fa un caffè... ?
(Vorrei) un caffè... per cortesia / per favore.

ringraziare

Grazie (mille / molte).
(Mille / Molte) grazie.

come rispondere

(Di) niente. / nulla.
(Grazie) a Lei.
Prego.
Non c'è di che.
Si figuri.

chiedere il conto

Quant'è?
Quanto pago?
Quanto (ti / Le) devo?
(Mi porta / fa) il conto per favore? [al ristorante]

pagare

Prego.
Tenga.
Ecco (a Lei).

lasciare la mancia [al ristorante]

Tenga pure il resto.
Il resto mancia.

OFFRIRE – ACCETTARE – RIFIUTARE

1 | Sottolinea l'opzione corretta.

a. • Carlo, **vuoi / va** un caffè?
■ Grazie, **volentieri / mi dispiace**.

b. • Buonasera, dottoressa Pinci, **Le / ti** posso offrire un caffè?
■ Grazie, ma ho un appuntamento, magari **un'altra volta / un mi dispiace**.

c. • Dottor Pirelli, **vuoi / vuole** un caffè?
■ Sì, **volentieri / complimenti**.

d. • Ciao, Massimo, un caffè?
■ Mi dispiace, ma ora **non posso / molto posso**.

e. • Barbara, **che ne dici / prenda** di un caffè?
■ No, grazie, **non mi va / bene**.
• Non **fare / faccia** complimenti!
■ Grazie, ma non **bevo / offro** caffè.

f. • Dottor Marzullo, vuole **qualcosa da bere / prende**?
■ Sì, grazie, **molto volentieri / mi dispiace**.

g. • Che cosa **prende / va**?
■ Un cappuccino, grazie.
• E **da / a** mangiare?
■ Niente, grazie.
• Non **faccia / fare** complimenti.
■ No, grazie non **mi / Le** va niente.

2 | Completa le frasi con le parole della lista, come nell'esempio.

~~prendiamo~~ | offrire | complimenti | qualcosa | va | volta | dici

a. Ciao Marina, ______*prendiamo*______ un caffè?
b. Buonasera professor Sordi, Le posso ____________________ un caffè?
c. Francesco, prendi ____________________?
d. Ti ____________________ qualcosa bere?
e. Grazie, magari un'altra ____________________.
f. Che ne ____________________ di un caffè?
g. Non fare ____________________.

3 | In ogni dialogo manca una parola. Inseriscila come nell'esempio.

a. • Ciao Carlo, ti *va* un caffè?
■ Grazie, volentieri.

b. • Ciao Marina, che ne dici un caffè?
■ No, grazie, magari un'altra volta.

c. • Mi porta il per cortesia?
■ Sì, ecco a Lei.
• Grazie.
■ Prego.

d. • Che ne di un caffè?
■ Volentieri. Offro io.
• Grazie!

e. • Prendi un caffè?
■ No, grazie non mi.

4 | Dividi in due gruppi, formale e informale, le espressioni della lista.

Mi fa un caffè? | Vuoi qualcosa? | Che ne dici di un caffè? Le va un caffè? | Tenga. | Ecco a Lei. | Mi porta il conto per favore? | Mi fai il conto per cortesia? Non fare complimenti!

FORMALE	INFORMALE

5 | Ordina le espressioni e forma due frasi corrette, come nell'esempio. In alcuni casi sono possibili più soluzioni.

a. qualcosa | piacere | vuoi | con | sì grazie,
• Vuoi qualcosa?
■ Sì grazie, con piacere.

b. va | sì | un | caffè | volentieri | ti
• ____________________________________?
■ ____________________________________.

c. caffè | offro | Le | un | con | piacere | molto
• ____________________________________?
■ ____________________________________.

d. cosa | cappuccino | io | prendo | un | prendiamo
• ____________________________________?
■ ____________________________________.

QUALCOSA IN PIÙ

L'espressione **mi dispiace** *non significa* **non mi piace**.

6 | Abbina le immagini ai dialoghi.

a. ☐
- ● Ti va un caffè?
- ■ No, grazie, l'ho appena preso.

b. ☐
- ● Un caffè?
- ■ Molto volentieri, grazie!

c. ☐
- ● Qualcosa da mangiare?
- ■ Eh... prendo un panino al prosciutto, grazie.

d. ☐
- ● Ti offro un caffè?
- ■ No, grazie, ora non posso, devo andare.

1.

2.

3.

4.

ORDINARE E PAGARE

1 | Sottolinea l'opzione corretta, come nell'esempio.

a. **Prendo / Prendi** un caffè, per cortesia.

b. Mi **prendo / fa** un caffè per favore?

c. ● **Quant'è? / Quanto caffè?**
■ Otto euro.

d. ● Quanto **Le / La** devo?
■ Sedici euro.

e. Vorrei un caffè **per favore / per mancia**.

f. (Al ristorante)
● Quanto **pago / conto**?
■ Nove euro.
● Ecco a Lei dieci euro, **tenga / conta** il resto.
■ Grazie!

g. (Al ristorante)
● Mi porta il conto, **per favore? / sì, eccolo**?
■ Sì, 15,30 euro.
● Sedici euro, prego. Il resto **pago / mancia**.
■ Grazie, signore.

> **QUALCOSA IN PIÙ**
> *Per fare una domanda è possibile dire* **Che cosa...?** *ma anche* **Che...?** *o* **Cosa...?**.

> **QUALCOSA IN PIÙ**
> *Le espressioni* **prego / ecco (a Lei) / tenga** *sono espressioni che servono per dare qualcosa (soldi, un caffè, ecc.).*

2 | Abbina le parti di sinistra con le parti di destra e poi ricostruisci il dialogo, come nell'esempio.

● Buongiorno, mi fa	signore, arrivederci.
■ Sì, ecco	pure il resto.
● Grazie,	un caffè per favore?
■ Novanta	quant'è?
● Ecco a lei un euro, tenga	a Lei.
■ Mille grazie	centesimi.

■ *Buongiorno, mi fa un caffè per favore?*
● ____________________
■ ____________________
● ____________________
■ ____________________
● ____________________

3 | Dividi le frasi della lista in gruppi in base alla loro funzione, come nell'esempio.

Vorrei un caffè. | Quant'è? | ~~Vuole qualcosa da bere?~~ | Quanto Le devo? | Di nulla. | Mille grazie.
Mi porta il conto, per favore? | Tenga pure il resto. | Prego. | Ti offro un caffè?
Ecco (a te/a Lei) | Io prendo un caffè.

dare il denaro	chiedere di pagare

offrire	ringraziare e rispondere ai ringraziamenti
Vuole qualcosa da bere?	

ordinare	lasciare la mancia al ristorante

RIPASSO

1 | Trasforma le frasi da formale a informale e viceversa, come nell'esempio.

	FORMALE	INFORMALE
a.	Mi fa un caffè?	*Mi fai un caffè?*
b.	____________	Che ne dici di un caffè?
c.	Prende un caffè?	____________
d.	____________	Non fare complimenti.
e.	Mi porta il conto?	____________
f.	____________	Tieni pure il resto.

2 | Abbina le espressioni della lista alle espressioni equivalenti.

Non c'è di che. | Con piacere. | Per favore. | Ti va di...?
Tenga. | Quanto Le devo?

a. Di niente. = ____________
b. Che ne dici di... = ____________
c. Volentieri. = ____________
d. Quanto pago? = ____________
e. Per cortesia. = ____________
f. Ecco. = ____________

3 | Abbina le parti di sinistra con parti di destra, come nell'esempio.

1. Vorrei → c. un caffè.
2. Quanto
3. Mi
4. Per
5. Tenga
6. Per
7. Il resto
8. Mille
9. Mi porta

a. le devo?
b. favore.
c. un caffè.
d. cortesia.
e. fa un caffè?
f. mancia.
g. pure il resto.
h. il conto?
i. grazie.

4 | Completa il cruciverba.

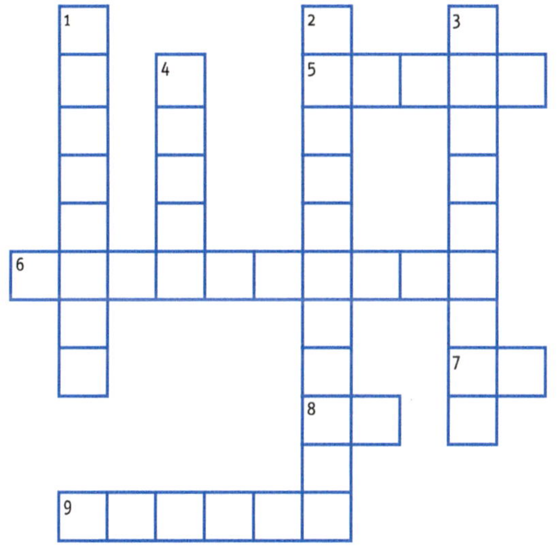

→ ORIZZONTALI
5. Ti ________ un caffè?
6. Sì, grazie, molto ________.
7. ________ fa il conto per favore?
8. Che ________ dici di un caffè?
9. Mi dispiace, ________ un'altra volta.

↓ VERTICALI
1. Vuoi ________ da bere?
2. Non fare ________!
3. ________ un caffè?
4. Grazie ________.

1 | Prima di guardare il video, scegli l'opzione corretta per completare gli spazi bianchi nelle immagini. Poi guarda il video e controlla la soluzione.

a.

vuoi / vai

b.

mi scusi / vorrei

c.

pagare / per favore

d.

il conto / il resto

2 | Guarda il video e indica quali espressioni nell'immagine usiamo nelle diverse situazioni.

a. Quando usciamo da un locale.
____

b. Quando il cameriere ci serve da bere / mangiare.
____

c. Quando entriamo in un locale.
____________ / ____________

d. Quando chiamiamo il cameriere.
____

3 | Vero o falso?

	VERO	FALSO
a. *Offrire* significa *mangiare*.	☐	☐
b. Non è molto gentile dire al barista *Voglio un caffè*.	☐	☐
c. *Ti offro un caffè* significa che pago un caffè per te.	☐	☐
d. Al ristorante per pagare dico: *Il conto, per favore!*	☐	☐
e. Per attirare l'attenzione del cameriere diciamo *Grazie!*	☐	☐

CHIEDERE E DIRE L'ORA

domande

INFORMALE

[Scusa,] che ore sono / che ora è?
[Scusa,] sai che ore sono?
[Scusa,] sai / puoi dirmi l'ora?
[Scusa,] sai / puoi dirmi che ore sono?

FORMALE

Scusi, che ore sono / ora è?
Scusi, sa che ore sono?
Scusi, sa / può dirmi l'ora?
Scusi, sa / può dirmi che ore sono?

risposte

Sì, sono le due in punto / precise / esatte.
È mezzogiorno / mezzanotte / l'una.
Sono le tre e cinque. 
Sono le tre e un quarto.
Sono le tre e mezzo / mezza. 
Sono le sei meno venti.
Sono le sei meno un quarto.

Non lo so, mi dispiace.
Mi dispiace, non ne ho idea.

ATTENZIONE!
Quando la lancetta dei minuti è nella sezione rossa del quadrante possiamo usare ***meno****.*

Si può dire anche:
Sono le cinque e tre quarti.
Sono le 5 e 45.
[Manca] Un quarto alle sei.

PRENDERE UN APPUNTAMENTO

domande

Possiamo prendere un appuntamento alle tre di pomeriggio?

INFORMALE

Sei libero / disponibile alle tre di pomeriggio?

FORMALE

È libero / disponibile alle tre di pomeriggio?

risposte

Sì, va bene.
Sì, certo / perfetto.
Alle tre andrebbe bene.
Alle due sarebbe meglio.

No, mi dispiace, ho già un appuntamento.
Purtroppo non posso, ho un impegno / da fare.

INFORMALE

A che ora sei libero / disponibile?

FORMALE

A che ora è libero / disponibile?

Alle quattro e mezzo.
Verso le sette di sera va bene?

QUALCOSA IN PIÙ
Possiamo usare 12 o 24 ore. Quando usiamo ***12 ore*** *specifichiamo di mattina, di pomeriggio, di sera.*

INFORMARSI SUGLI ORARI

domande	risposte
A che ora apre l'ufficio postale?	Alle otto e trenta.
Fino a che ora è aperta la banca?	Fino all'una.
Che orario fa l'ufficio postale?	Dalle 8:30 a mezzogiorno.
Qual è l'orario dei negozi?	Aprono alle nove e chiudono alle diciotto (18:00).

QUALCOSA IN PIÙ
In stazione, in aeroporto e negli uffici usiamo ***24 ore****.*
Il treno parte alle diciotto e quindici.

CHIEDERE E DIRE L'ORA

1 | Sottolinea l'opzione corretta, come nell'esempio.

a. • Scusa, puoi dirmi **le ore** / **l'ora**?
■ Sì, sono **tre** / **le tre**.

b. • Scusi, **sa** / **sai** l'ora?
■ No, **non posso** / **mi dispiace**.

c. • Che ora è?
■ **Manca** / **Mancano** un quarto all'una.

d. • Che ore sono?
■ Sono le sette **meno venticinque** / **e trentacinque**.

e. • Sai l'ora per favore?
■ Sono le sei **meno** / **e mezza**.

2 | Cancella l'orario scorretto o che NON corrisponde all'immagine, come nell'esempio.

a. 12:00
Mezzogiorno. | Le dodici. | ~~Le dodici e zero~~.

b. 22:45
Le ventidue e quarantacinque.
Le undici meno un quarto. | Le dieci e un quarto.

c. 13:30
Le due meno trenta. | L'una e mezza. | Le tredici e trenta.

d. 18:00
Le sei. | Le sei di pomeriggio. | Le diciotto di pomeriggio.

e. 17:15
Un quarto dopo le diciassette. | Le cinque e un quarto.
Le diciassette e quindici.

f. 14:35
Le tre meno venticinque. | Le 14 e 35.
Le due e trentacinque.

3 | Leggi i dialoghi e scegli se sono formali o informali, come nell'esempio. Poi sottolinea le parole che segnalano il registro formale o informale, come nell'esempio.

a. ☑ FORMALE / ☐ INFORMALE
• Sa l'ora, per cortesia?
■ No, mi dispiace.

b. ☐ FORMALE / ☐ INFORMALE
• Scusi, può dirmi l'ora, per cortesia?
■ Certo, sono le sette e venti.

c. ☐ FORMALE / ☐ INFORMALE
• Puoi dirmi l'ora per favore?
■ No, mi dispiace, non lo so.

4 | Completa il dialogo con le parole mancanti, come nell'esempio. In un caso sono possibili due soluzioni.

a. • Scusa, ___*sai*___ che ora è per favore?
■ È mezzogiorno __________ mezzo.
• Grazie.

b. • Scusi, __________ dirmi l'ora per cortesia?
■ No mi dispiace, non __________ so.

c. • Che __________ è?
■ Sono le tre in __________.

d. • Che ore sono?
■ Le sette e un __________.

5 | Ordina le espressioni e forma una frase corretta, come nell'esempio.

a. le | sette | venti | sono | meno
Sono le sette meno venti.

b. sa | l' | ora | scusi | ?
____

c. sono | meno | le | quarto | tre | un
____

d. alle | mancano | cinque | minuti | diciassette
____

e. è | mezzo | e | mezzanotte
____

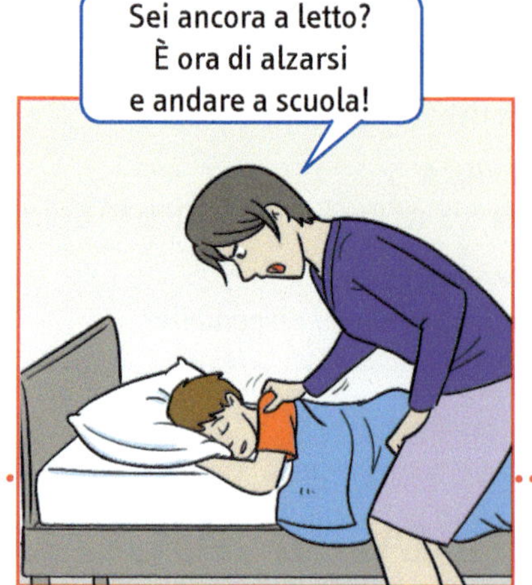

QUALCOSA IN PIÙ

È ora di... *è un'espressione usata spesso quando parliamo di un appuntamento o un impegno imminente. In questo caso, la parola "ora" significa tempo, momento. Si può usare anche per azioni semplici: è ora di mangiare, è ora di alzarsi.*

PRENDERE UN APPUNTAMENTO

1 | Sottolinea l'opzione corretta, come nell'esempio.

a. ● Mario, a che ora / ore sei libero?
■ Verso le quattro **meno / e** mezza.

b. ● Dottor Franchi, è libero alle sei **per / di** pomeriggio?
■ Sì, alle sei va **bene / perfetto**.

c. ● Possiamo incontrarci verso **le dodici / dodici**?
■ No, **mi dispiace / posso**, ho già un appuntamento.

d. ● A che ora possiamo vederci **di / a** mattina?
■ Mi dispiace, purtroppo non **posso / puoi**.

2 | Collega le frasi di sinistra alla reazione logica.

1. Purtroppo non posso venire all'appuntamento.
2. Sono libera stasera, usciamo?
3. Vengo a casa tua domani verso le 20, va bene?
4. Se vuole, possiamo prendere un appuntamento.
5. Signora Ferri, vorrei fissare un appuntamento con il Dottor Monti venerdì.
6. Ci vediamo alle 9, ok?

a. Certo: preferisce mercoledì o giovedì mattina?
b. Non ho capito: di mattina o di sera?
c. Va bene, lo scrivo subito nella Sua agenda, Direttrice.
d. Molto volentieri! Ti va di andare a ballare?
e. No, sarebbe meglio più tardi. Facciamo alle 21?
f. Nooo! Ma perché, hai un impegno?

3 | Riordina le frasi dei dialoghi, come nell'esempio.

a. _2_ Io sono libera alle tre, tu?
_1_ A che ora possiamo vederci?
___ Alle cinque è perfetto.
___ Mi dispiace, ma alle tre non posso. Verso le cinque sei libero?

b. ___ Uhm, sono libero alle cinque, va bene per Lei?
___ Dottor Fini, quando è disponibile di pomeriggio?
___ Umm, no, purtroppo alle cinque non posso. Ma posso di mattina, verso le dieci e tre quarti.
___ Sì, alle dieci e quarantacinque va benissimo.

c. ___ No, mi dispiace ho il treno alle tredici e quindici, non posso. Sei libera all'una?
___ Ok, a che ora?
___ Dario, possiamo prendere un appuntamento di pomeriggio?
___ Verso le tre meno meno quarto?

4 | Completa i dialoghi con le parole mancanti, che hanno già la lettera o le lettere iniziali e finali.

a. ● Sc________ Franco, sei l________o alle tre?
■ No, mi di________e, alle tre non p________.

b. ● Signor Marietti, è dis________e alle diciassette?
■ Sì, alle diciassette è pe________.

c. ● A c________ o________ possiamo prendere un appuntamento?
■ Di pomeriggio, va bene?
● No, di pomeriggio non posso. Puoi ver________ le sette di sera?
■ Sì alle sette va bene.

5 | Collega le colonne e componi le frasi.

1. Quando è
2. Io posso
3. No, mi dispiace alle due
4. Scusa, sei libera
5. Possiamo prendere
6. Sei libera alle due meno

a. un appuntamento all'una?
b. venti?
c. alle tre?
d. ho già un appuntamento.
e. disponibile di pomeriggio?
f. alle sette.

INFORMARSI SUGLI ORARI

1 | Guarda gli orari e indica se le affermazioni sono vere o false.

PARTENZE		ARRIVI	
SALERNO	09:45	PARMA	10:40
MILANO	11:15	VERONA	14:30
SAVONA	00:00	ROMA	16:05

		VERO	FALSO
a.	Il treno per Salerno parte alle nove e tre quarti.	☐	☐
b.	Il treno per Milano parte alle undici meno un quarto.	☐	☐
c.	Il treno per Savona parte a mezzanotte in punto.	☐	☐
d.	Il treno da Verona arriva alle due e mezza di pomeriggio.	☐	☐
e.	Il treno da Parma arriva alle nove meno venti.	☐	☐

2 | Guarda le immagini e completa i testi con le parole della lista.

a. alle | quindici | quarantacinque | pomeriggio | diciassette

BANCA
8:45 - 13:15
15:00 - 17:45

Di mattina la banca apre alle otto e __________________ e chiude __________________ tredici e __________________, di __________________ apre alle quindici e chiude alle __________________ e quarantacinque.

b. diciannove | sera | di | aperto

MUSEO
lunedì - venerdì 10:00 - 19:00
domenica 19:00 - 22:00

Il Museo è __________________ dalle dieci alle __________________.
La domenica è aperto solo __________________ __________________.

3 | Guarda l'orario a destra e indica se le affermazioni sono vere o false.

		VERO	FALSO
a.	Il dottore riceve solo di pomeriggio.	☐	☐
b.	Se oggi è venerdì, posso andare dal dottore a mezzogiorno.	☐	☐
c.	Il fine settimana lo studio medico è chiuso.	☐	☐
d.	Il mercoledì lo studio è aperto solo la mattina.	☐	☐
e.	Il martedì, alle 18 il dottore è ancora in studio.	☐	☐

STUDIO MEDICO
Lun-Mer. 9:00-12:00
Mar-Gio: 16:00-19:00
Ven: 11:00-13:00

4 | Guarda l'agenda di Lorenzo e completa le frasi con le parole della lista, come nell'esempio.

~~otto~~
dalle
dall'
alle
pomeriggio
sera
sette
a
mezzo
appuntamento
quarto
meno
dieci

a. Dalle ______*otto*______ e mezzo alle ______________ ______________ un ______________ Marco è in banca.

b. ______________ dieci ______________ mezzogiorno ha un ______________ con il dott. Gelli.

c. ______________ una all'una e ______________ pranza con Francesca.

d. Dalle tre di ______________ alle ______________ di ______________ è in ufficio.

e. ______________ sette e mezzo va ad un concerto all'auditorium.

RIPASSO

1 | Completa le frasi con le preposizioni corrette.

a. Sono tornato dalla festa ______ 5:00 ______ mattina!

b. Allora ci vediamo ______ due ______ punto?

c. Il treno per Bari parte ______ 21:00.

d. ______ che ora esci dall'ufficio?

e. La banca è aperta ______ 8:00 ______ 13:00.

f. Ieri ho lavorato fino ______ 8:00 ______ sera!

2 | Abbina ogni domanda con la risposta appropriata, come nell'esempio.

a. Scusa, sai l'ora?
b. Scusi, che ore sono?
c. Che orario fa l'ufficio postale?
d. A che ora è libero?
e. Possiamo vederci di pomeriggio?
f. A che ora parte il treno per Roma?
g. Possiamo prendere un appuntamento alle 17:00?

1. Verso le sei.
2. Sì, perfetto.
3. Le tre.
4. Sì, sono le due meno un quarto.
5. È aperto dalle sei fino alle quattro.
6. Mi dispiace, ma alle cinque ho già un impegno.
7. Alle cinque e sette minuti.

3 | Quali espressioni / frasi / parole hanno un significato uguale (=) o opposto (<=>)?

	=	<=>
a. avere da fare / essere libero	☐	☐
b. Che orario fa? / Qual è l'orario?	☐	☐
c. Non ne ho idea. / Non lo so.	☐	☐
d. Purtroppo alle 4 non posso. / Alle 4 è perfetto.	☐	☐
e. disponibile / libero	☐	☐
f. avere un appuntamento / avere un impegno	☐	☐
g. verso le 9 / circa alle 9	☐	☐

QUALCOSA IN PIÙ

Gli orari di apertura e chiusura in Italia non sono uguali per tutti i negozi. Molti infatti fanno la ***pausa pranzo*** *e sono chiusi dalle 13:00 alle 16:00. È anche previsto un* ***giorno di riposo****, che spesso è il lunedì, ma può variare di regione in regione. Inoltre, durante l'estate è possibile trovare il cartello all'entrata "****chiuso per ferie*** *fino al...": questo succede soprattutto ad agosto, quando molti italiani vanno in vacanza per almeno una settimana. I centri commerciali e le grandi catene (soprattutto supermercati) fanno invece* ***orario continuato*** *(dalle 8:00 / 9:00 alle 20:00 / 21:00) o* ***non stop****, cioè sono aperti* ***24 ore su 24****, sette giorni su sette.*

1 | Indica a quale orario corrispondono le tre espressioni nell'immagine.

12:00
____
01:00 / 13:00
____
00:00
____

2 | Vero o falso?

		VERO	FALSO
a.	Per le ore, usiamo il singolare solo in due casi: *È mezzogiorno / È mezzanotte.*	☐	☐
b.	9:45. Ci sono solo due modi per dire quest'orario.	☐	☐
c.	Nove e quarantacinque = un quarto alle dieci.	☐	☐
d.	In stazione l'orario va da 0 a 24.	☐	☐
e.	*Verso le sette* significa alle sette in punto.	☐	☐
f.	*Puntuale* è il contrario di *ritardatario.*	☐	☐

3 | Indica con una X i modi corretti per indicare l'orario nell'immagine, poi guarda il video e controlla la soluzione.

☐ È un quarto alle nove.
☐ Sono le nove meno un quarto.
☐ Sono le nove e tre quarti.
☐ Sono le nove e quarantacinque.
☐ Sono le dieci meno un quarto.
☐ Sono le dieci e tre quarti.

4 | Completa il testo con le parole della lista.

non | dieci | ora | chiedere | sa | sono | verso | una | puntuali | singolare

a.
"Che ore sono?" "Che ______________ è?" sono due modi per ______________ l'ora. Ma possiamo anche dire: "Sai l'ora?" o: "Scusi, ______________ l'ora?" quando diamo del Lei. Per rispondere, usiamo il plurale: "______________ le nove". "Sono le undici". Usiamo il ______________ in tre casi: "è mezzanotte", "è mezzogiorno", "è l'______________".

b.
Quando partiamo, dobbiamo essere ______________! Nella vita di tutti i giorni, invece, ______________ diciamo "ci vediamo alle sette", ma preferiamo dire: "______________ le sette", "per le sette", che significa sette e ______________, sette e un quarto... sette e venti!

Tutti i video di **italiano in pratica** *sono su* **'ALMA.tv**

www.alma.tv

DATA – GIORNI – MESI

chiedere la data

? Che giorno è oggi?
Quanti ne abbiamo?

dire la data

Oggi è martedì, 13 febbraio 2017.
Oggi è il 13 febbraio 2017, martedì.
Oggi è il primo gennaio / febbraio / ...

giorni

lunedì
martedì
mercoledì
giovedì
venerdì
sabato
domenica

mesi

gennaio
febbraio
marzo
aprile
maggio
giugno
luglio
agosto
settembre
ottobre
novembre
dicembre

stagioni

inverno
primavera
estate
autunno

parti della giornata

mattina / stamattina
sera / stasera
notte / stanotte
pomeriggio
oggi / questo pomeriggio

QUALCOSA IN PIÙ

Per ricordare ***quanti giorni hanno i mesi****, in Italia c'è una famosa filastrocca:*
Trenta giorni ha novembre,
con aprile, giugno e settembre;
di ventotto ce n'è uno,
tutti gli altri ne han trentuno.

AVVERBI E PREPOSIZIONI DI TEMPO

Quattro giorni fa
L'altro ieri
Ieri
Lo scorso mese / un mese fa
L'anno scorso / un anno fa
} ho giocato a tennis.

Oggi gioco a tennis.

Domani
Dopodomani
Fra / Tra quattro giorni
Il mese prossimo
Fra / Tra due anni
} giocherò a tennis.

espressioni e avverbi per indicare frequenza

	Lu	Ma	Me	Gi	Ve	Sa	Do	
sempre	×	×	×	×	×	×	×	Mi alzo sempre alle 8.
di solito spesso solitamente generalmente in genere normalmente	×	×	×		×	×		Generalmente faccio colazione al bar.
qualche volta	×			×				Qualche volta mi metto la cravatta.
raramente quasi mai	×							Vado al cinema raramente. Non vado al cinema quasi mai.
mai								Non uso mai l'autobus.

REGOLARITÀ - ABITUDINE

giorni della settimana [articoli il / la]

Il martedì /... / sabato
La domenica
Ogni martedì /... / sabato
Ogni domenica
} gioco a tennis.

stagioni [articoli il / l' – preposizione in]

L'inverno / estate / autunno
In autunno / estate / inverno / primavera*
} gioco a tennis.

*anche: a primavera

parti della giornata [articoli il / la]

Il pomeriggio
La mattina / sera / notte
} gioco a tennis.

mesi [preposizioni a / in]

A gennaio / febbraio / ... / dicembre
In gennaio / febbraio / ... / dicembre
} gioco a tennis.

esercizi

DATA – GIORNI – MESI

1 | Sottolinea l'opzione corretta, come nell'esempio.

a. ● Che giorno è <u>oggi</u> / ieri?
■ Domenica.

b. ● Quanti ne **abbiamo** / **siamo** oggi?
■ Oggi è il **7 maggio** / **maggio 7**.

c. ● Oggi è **il mercoledì** / **mercoledì**?
■ Sì.

d. ● Dottor Pirelli, oggi è **il tredici novembre** / **tredici novembre**?
■ Non lo so, mi dispiace.

e. ● Signor Valli, Lei dov'era la sera del **due marzo** / **secondo marzo** 2012?
■ Non lo so, commissario, non ricordo.
● Quindi non sa nemmeno dov'era **il** / **l'**otto marzo, vero?
■ Al contrario: quello è il giorno del mio anniversario di matrimonio.

f. ● Mario, sai che giorno è domani, vero?
■ Certo, è **il l'uno** / **il primo** giugno!
● Ma no! Domani è il mio compleanno!

g. ● Scusi, che giorno è oggi?
■ Oggi è il **22 settembre, mercoledì.** / **il 22 mercoledì settembre**.

2 | Indica con una X il modo corretto di indicare la data.

a. ☐ Oggi è aprile 17, 2017.
b. ☐ Oggi è il 17 aprile 2017.
c. ☐ Oggi è il 17° aprile 2017.

3 | Completa le frasi con le parole della lista nella posizione corretta, come nell'esempio.

marzo | è | abbiamo | quattordici | l' | ~~undici~~ | giorno | è

a. Oggi è l' maggio.
b. Oggi è martedì venti.
c. Oggi è il dicembre
d. Oggi mercoledì undici gennaio.
e. Quanti ne oggi?
f. Che è oggi?
g. Oggi è otto agosto.
h. Oggi il sette luglio.

QUALCOSA IN PIÙ

In italiano nella data c'è sempre prima il numero del giorno, poi il mese ed infine l'anno. Si può scrivere nei seguenti modi:
9 agosto 2017
9.8.2017
9-8-2017
09/08/2017
9/8/17

4 | Ecco gli impegni di Emilia per i mesi invernali. Leggi l'agenda e rispondi alle domande come nell'esempio.

DICEMBRE	GENNAIO	FEBBRAIO	MARZO
1	1	1	1 FEDE IN "NOTRE DAME DE PARIS"!
2	2	2	2
3	3	3	3
4	4 SETTIMANA BIANCA!!!!!	4	4
5	5	5	5
6	6	6	6
7	7	7	7
8	8	8	8
9	9	9	9
10	10	10	10
11	11	11	11
12	12	12	12
13	13	13	13
14	14	14 PRAGA CON LIVIO ♥	14
15	15	15	15
16	16	16	16
17 APPUNTAMENTO DOTT. VELLUTI	17	17	17
18	18	18	18
19	19	19	19
20 AGRITURISMO "RELAX E 30 NATURA", ORVIETO	20	20	20
21	21	21	21
22	22	22	22
23	23 MAMMA + PAPÀ	23	23
24	24	24	24
25	25	25	25 CONFERENZA A BARCELLONA
26	26	26	26
27	27	27	27
28	28	28	28
29	29	29	29
30	30	30	30
31	31	31	31

1. Quando va in vacanza Emilia con il suo ragazzo, Livio?
____
2. Quando ha un impegno di lavoro all'estero?
____
3. Quando arrivano i suoi genitori a casa sua?
____
4. Quando ha appuntamento dal dentista?
____
5. Quando va a vedere lo spettacolo di sua nipote Federica?
____
6. Quando va a sciare?
____
7. Quando va in campagna a fare yoga?
Il 20 dicembre

QUALCOSA IN PIÙ

Le vacanze invernali in montagna si chiamano ***settimana bianca****.*

5 | Completa le frasi con i nomi delle stagioni. Poi abbina le frasi alle immagini.

estate | primavera | inverno | autunno

1. Finalmente è ___________! È la mia stagione preferita perché vado al mare con gli amici.
2. Tommaso è un ragazzo romantico: la sua stagione preferita è l'___________.
3. Che stagione mi piace? Sicuramente l'___________: mi piace il freddo, il bianco della neve, le vacanze di Natale!
4. Amo la ___________! Con tutti i suoi fiori, i colori, la voglia di uscire dopo il lungo inverno!

a. ☐

b. ☐

c. ☐

d. ☐

6 | Inserisci i mesi che mancano dalle sequenze.

a. gennaio | febbraio | ___________

b. maggio | giugno | ___________

c. settembre | ___________ | novembre

d. marzo | ___________ | maggio

e. luglio | ___________ | settembre.

AVVERBI E PREPOSIZIONI DI TEMPO

1 | Rispondi alle domande, come nell'esempio.

a. Se oggi è lunedì, domani che giorno è?
Martedì

b. Se oggi è venerdì, l'altro ieri che giorno era?
____

c. Se ieri era sabato, domani che giorno è?
____

d. Se tre giorni fa era martedì, oggi che giorno è?
____

e. Se domani è giovedì, dopodomani che giorno è?
____

f. Se domani è domenica, fra quattro giorni che giorno è?
____

2 | **"Oggi è martedì 2 maggio"**. Indica l'espressione di tempo corrispondente, come nell'esempio.

a. primo maggio → *ieri*
b. 28 aprile → ___________
c. 4 maggio → ___________
d. 2 giugno → ___________
e. 29 aprile → ___________
f. 12 maggio → ___________
g. 2 aprile → ___________
h. 30 aprile → ___________

3 | Sottolinea l'opzione corretta, come nell'esempio.

a. • Quando giochi a tennis?
■ Stasera / Oggi sera.

b. • Che fai **oggi pomeriggio / stopomeriggio**?
■ Gioco a tennis.

c. • Quando giocate a tennis?
■ **Stamattina / Oggi mattina**.

d. • Perché non vai a giocare a tennis **oggi / oggi sera**?
■ Perché **oggi notte / stanotte** c'è la finale degli U.S. Open.

REGOLARITÀ – ABITUDINE

1 | Completa il testo con le parole della lista.

il | i | la | ogni | tutti

Il calendario della famiglia Ferri è pieno di impegni:

a. Tutti _______ mercoledì la signora Ferri va a yoga.
b. Claudia, sua figlia, gioca a tennis _______ giovedì e _______ domenica.
c. Bruno, suo marito, gioca a calcetto _______ i mercoledì.
d. Teresa e Bruno vanno in piscina _______ sabato.

2 | Leggi le frasi e poi scegli l'espressione di tempo corretta per ogni frase.

sempre | raramente | mai | spesso | qualche volta

a. A luglio vado al mare tutti i giorni.
= A luglio vado _________________ al mare.
b. Vado al ristorante una volta al mese.
= Vado al ristorante _________________.
c. Il lunedì e il giovedì vado in ufficio in motorino.
= Vado in ufficio in motorino _________________.
d. Non ho il televisore, non mi piace la tv.
= Non guardo _________________ la tv.
e. Faccio colazione al bar quasi ogni giorno.
= Faccio _________________ colazione al bar.

3 | Sottolinea l'opzione giusta.

a. **A / Il** martedì Anna gioca a tennis.
b. **Il / A** sabato non gioco a tennis.
c. **In / Da** primavera zia Caterina va in campagna.
d. **Il / In** pomeriggio mio nonno gioca a carte.
e. **La / Il** domenica vado in bicicletta.
f. **Il / La** giovedì Mauro gioca a calcio.
g. **A / La** mattina non faccio sport.
h. **In / La** sera gioco a bridge con i vicini.
i. **Il / A** gennaio non vado in piscina.

RIPASSO

1 | Sottolinea l'opzione giusta, come nell'esempio.

a. **Domani / Oggi** ho giocato a tennis.
b. **Domani / L'altro ieri** ho giocato a tennis.
c. **Domani / Due giorni fa** gioco a calcio.
d. **Fra tre giorni / Ieri** gioco a tennis.
e. **Dopodomani / Oggi pomeriggio** ho giocato a pallacanestro.

2 | Rispondi alle domande.

a. Non gioco a calcetto l'inverno, ma solo a primavera. Gioco a calcetto il 25 gennaio?
☐ sì ☐ no
b. Il pomeriggio gioco a tennis. Gioco a tennis alle 11:30?
☐ sì ☐ no
c. Ogni sabato vado in piscina. Ieri era giovedì. Vado in piscina oggi?
☐ sì ☐ no
d. Ieri era giovedì. Il sabato non gioco a tennis. Gioco a tennis domani?
☐ sì ☐ no

Vai a pagina 64
e fai la parte A del Test 1

1 | Prima di guardare il video, scegli l'opzione corretta e completa gli spazi bianchi nelle immagini. Poi guarda il video e controlla la soluzione.

a.

14 ottobre 2016 / ottobre 14 2016

b.

GIOVANNI E ANDREA GIOCANO A TENNIS ___ GIOVEDÌ

la / il

2 | Completa la settimana con i giorni mancanti.

lunedì
____
mercoledì
____
venerdì
____
domenica

3 | Vero o falso?

	VERO	FALSO
a. Chiediamo *Che giorno è oggi?* per conoscere la data.	☐	☐
b. Il modo corretto per dire la data è: articolo - mese - giorno - anno.	☐	☐
c. Per i giorni della settimana usiamo sempre l'articolo.	☐	☐
d. *Gioco a tennis il giovedì.* significa *Gioco a tennis ogni giovedì. / tutti i giovedì.*	☐	☐
e. 02 / 03 / 2010 = secondo marzo duemiladieci.	☐	☐
f. Dopo la primavera c'è l'estate.	☐	☐

4 | Completa le trascrizioni con le parole della lista. Poi guarda il video e controlla la soluzione.

freddo | autunno | anno | primo | articolo | freddo | stagioni | due | secondo | quattro

a.

Oggi è il quattordici ottobre, o il primo settembre. Ecco attenzione, il _______________, non l'uno. Poi però non c'è il _______________, il terzo, no: c'è il _______________, il tre, il ____________ e così via. Quindi il modo corretto per dire la data è: l'_______________, il numero, il mese e l'_______________.

b.

Le mezze stagioni sono la primavera e l'_______________; perché non esistono più? Perché, secondo questo luogo comune, passiamo dal caldo dell'estate al ______________ dell'inverno e poi di nuovo dal ______________ dell'inverno al caldo dell'estate e le stagioni di mezzo, la primavera e l'autunno, non ci sono, o durano così poco, così pochi giorni, che non possiamo parlare di _______________.

CHIEDERE E DARE INFORMAZIONI STRADALI *

attirare l'attenzione

(Senta) scusi, ...

chiedere informazioni

(Sa) dov'è via Garibaldi?
Mi sa dire / Sa dirmi dov'è via Garibaldi?
Mi può dire / Può dirmi dov'è via Garibaldi?

Via Garibaldi è { lontano? / vicino?

C'è una farmacia { qui vicino? / da queste parti?

numeri ordinali

1° = primo	6° = sesto
2° = secondo	7° = settimo
3° = terzo	8° = ottavo
4° = quarto	9° = nono
5° = quinto	10° = decimo

rispondere

+

andare
Lei va (sempre) dritto fino al semaforo...
Lei deve andare (sempre) dritto...

prendere
(Lei) prende la prima / seconda / ... { a destra / a sinistra
(Lei) deve prendere...

attraversare
Lei attraversa / (Deve) attraversare { la strada / il ponte / la piazza } e poi...

girare / svoltare
Lei gira / svolta / (Deve) girare / svoltare { a destra... / a sinistra...

camminare / continuare
Cammina / Continua per 100 / 200 / ... metri...
Fa 100 / 200 / ... metri...

–

Mi dispiace, { non lo so. / non sono di qui. / non sono di queste parti.

LA CITTÀ

piazza

viale

monumento

ponte

galleria

strisce pedonali

parcheggio

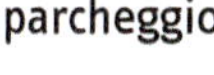

incrocio

stazione

fontana

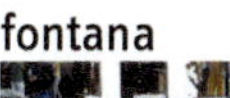

marciapiede

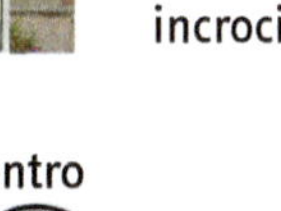

centro

semaforo

fermata

espressioni utili

qui / qua
lì / là

a destra } del semaforo
a sinistra } della piazza

dietro

accanto
di fronte / davanti
fino
vicino
} al ponte / alla piazza

* nella lezione si danno solo le espressioni nel modo FORMALE

CHIEDERE E DARE INFORMAZIONI STRADALI

1 | Sottolinea l'opzione corretta, come nell'esempio.

a. • Scusa, a **dove** / **dov'è** piazza Garibaldi?
■ Non lo so, mi dispiace.

b. • Senta scusi, mi sa dire **dov'è** / **a** via Garibaldi?
■ Sempre dritto.

c. • Scusi, dov'è il Colosseo?
■ Prenda la prima **a destra** / **a dritto** e poi è arrivato.

d. • Senta, c'è una farmacia qui **vicino** / **lontano**?
■ Sì, è in piazza Garibaldi.

e. • Scusi, sa dov'è via Garibaldi?
■ Non lo so, non sono di queste **parti** / **sinistra**.

f. • Mi può dire dov'è via Garibaldi?
■ Sì, non è lontano, lei **gira** / **fa** 100 metri fino al ponte, **sempre** / **poi** attraversa il ponte e è arrivato.

g. • Scusi, c'è una farmacia da queste **palazzi** / **parti**?
■ Sì, è davanti alla stazione.

2 | Che cosa dici in queste situazioni? Abbina le situazioni con le domande appropriate.

1. Stai cercando una strada.
2. Devi comprare una medicina.
3. Hai un treno tra mezz'ora.
4. Devi prendere un autobus.
5. Hai bisogno di soldi.

a. Senta, scusi, c'è un bancomat qui vicino?
b. Mi scusi, per la stazione?
c. Mi sa dire dov'è la fermata del 15?
d. Scusi, sa dov'è Via del Corso?
e. Senta, sa dov'è una farmacia?

3 | Completa il testo con le parole mancanti, come nell'esempio.

a. dov'è | metri | sempre | sinistra
• Scusi ______*dov'è*______ la fermata "Palasport"?
■ Sì, Lei va __________________ dritto, poi prende la seconda a __________________, fa circa 200 __________________ e è arrivato.

b. fermata | cammina | fermata | incrocio | via | fa
• Senta, mi può dire dov'è la __________________ Eur Fermi?
■ Sì, Lei __________________ per circa 50 metri, poi all' __________________ gira a sinistra e arriva in __________________ Cristoforo Colombo. Lì __________________ circa 200 metri. Quando arriva in viale America gira a sinistra e dopo circa 100 metri c'è la __________________.

c. prende | per | dritto
• Senta, __________________ Via degli Archivi?
■ Sì, va dritto, __________________ la prima a destra poi va sempre __________________ per circa 100 metri e è arrivato.

QUALCOSA IN PIÙ
*Un modo semplice e molto colloquiale per chiedere un'informazione è usare **per** e poi dire il posto dove vogliamo andare:*

4 | Ordina le parole e forma delle frasi corrette, come nell'esempio. In due casi sono possibili soluzioni diverse.

a. via | dov'è | Garibaldi
Dov'è via Garibaldi?

b. scusi | sa | dire | piazza | dov'è | Garibaldi | mi
____?

c. Mazzini | senta | mi | dov'è | può | viale | dire
____?

d. da | c'è | una | senta | queste | farmacia | parti
____?

e. il | scusi | centro | lontano | è | senta
____?

5 | Leggi i dialoghi, guarda l'immagine e completa le frasi finali, come nell'esempio.

a. • Scusi, dov'è il Museo civico?
■ Sì, Lei va sempre dritto e alla terza traversa a sinistra c'è il Museo Civico.
Il numero _14_ è il Museo Civico.

b. • Senta, mi sa dire dov'è la banca?
■ Sì, Lei deve andare fino a piazza Garibaldi, attraversa la piazza e arriva all'incrocio; lì gira a sinistra, fa cinquanta metri e sulla destra dopo il teatro c'è la banca.
Il numero ______ è la banca.
Il numero ______ è il teatro.

c. • Scusi, c'è una farmacia da queste parti?
■ Sì, va dritto fino al terzo incrocio, poi gira a destra e cammina fino al semaforo, svolta a sinistra e è arrivato, lì c'è la farmacia.
Il numero ______ è la farmacia.

d. • Scusi, sa dov'è la fermata della metro?
■ Sì, deve andare fino alla piazza, attraversa la piazza e al secondo incrocio gira a sinistra; dopo il ristorante "Da Mario" c'è la fermata della metro.
Il numero ______ è la fermata.

e. • Mi può dire dov'è un tabaccaio per favore?
■ Sì, Lei deve seguire questo marciapiede e arriva fino a piazza Garibaldi. Attraversa la piazza, a destra c'è il bar, poi c'è la pizzeria e poi è arrivato: dopo la pizzeria c'è il tabaccaio.
Il numero ______ è il tabaccaio.
Il numero ______ è la pizzeria.

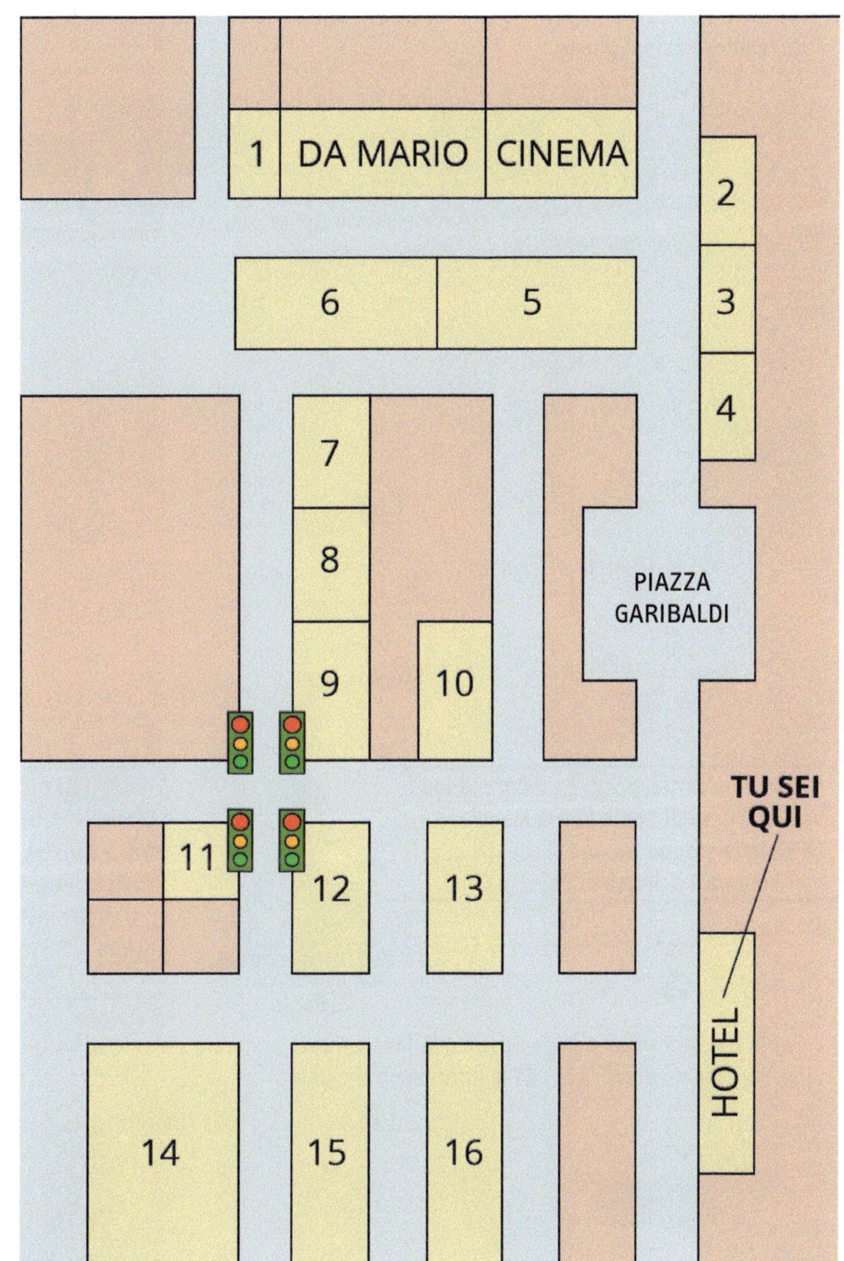

6 | In ogni dialogo ci sono due parole che hanno una posizione invertita, trovale come nell'esempio.

a. • Senta, sempre, mi può dire dov'è via Garibaldi?
■ Sì, deve andare scusi dritto e poi gira la seconda a destra.

b. • Senta, mi sa metri dov'è la banca?
■ Sì, lei attraversa la piazza, va sempre dritto, e arriva all'incrocio, all'incrocio gira a sinistra, fa cinquanta dire e sulla sinistra davanti al teatro c'è la banca.

c. • Scusi, corso Mazzini è lontano?
■ Lei cammina cento metri, poi semaforo il ponte e dopo il attraversa svolta a sinistra. Via Mazzini è la prima a destra.

d. • Scusi c'è una farmacia da fontana parti?
■ Lei va sempre dritto fino a piazza Garibaldi, poi svolta alla prima a destra e cammina fino alla fontana: lì, davanti alla queste c'è la farmacia.

7 | Guarda le mappe, leggi le indicazioni: chi dà le informazioni giuste?

a. Iacopo è a piazza del Duomo a Firenze e deve andare al cinema Odeon. Leggi cosa dicono Alberto e Monica e indica chi dà le informazioni giuste.

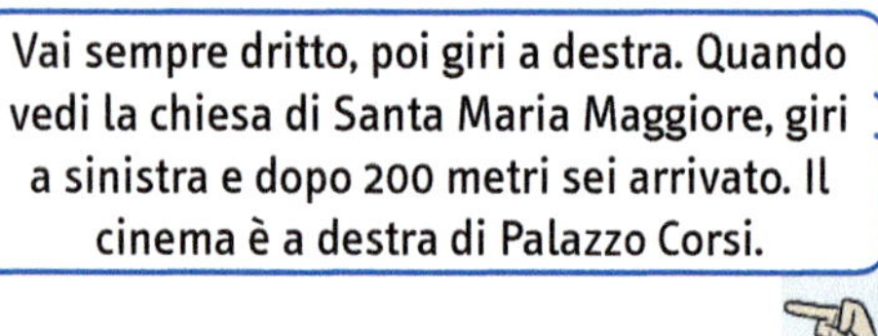

☐ Paolo

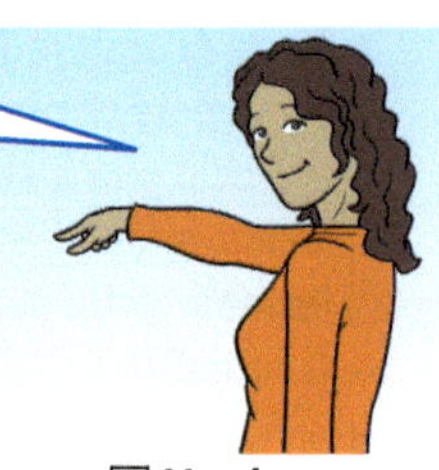

☐ Monica

b. Paolo è a Santa Maria delle Grazie a Milano e vuole andare a visitare la basilica di Sant'Ambrogio. Leggi cosa dicono Sonia e Marco e indica chi dà le informazioni giuste.

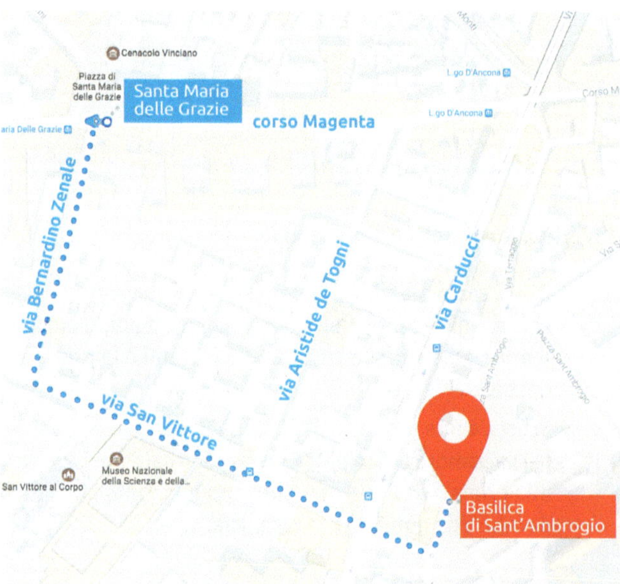

☐ Sonia

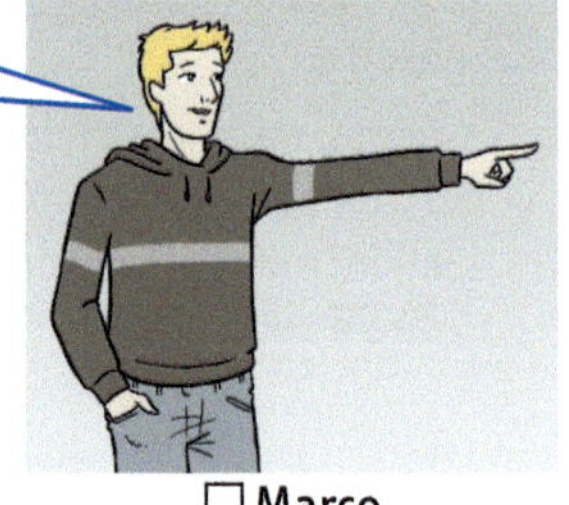

☐ Marco

LA CITTÀ

1 | Abbina le parole con le immagini corrispondenti.

piazza	☐
fermata	☐
incrocio	☐
monumento	☐
ponte	☐
semaforo	☐
stazione	☐
fontana	☐
parcheggio	☐
centro	☐
galleria	☐

1. 2. 3. 4. 5. 6. 7. 8. 9. 10. 11.

2 | Completa le frasi con le parole della lista.

a | della | alla | al | all' | al | alla

a. Vicino _________ fermata.
b. A destra _________ fontana.
c. Cammina fino _________ piazza.
d. Accanto _________ bar.
e. Svolta _________ destra.
f. Fino _________ semaforo
g. Davanti _________ incrocio.

3 | Guarda l'immagine e rispondi vero o falso.

Teatro	Farmacia	Cinema	Banca	Pizzeria
Ospedale	Stazione	Scuola	Università	Chiesa
Supermercato	Bar	Museo	Poste	Benzinaio

	VERO	FALSO
a. La farmacia è dietro il bar.	☐	☐
b. La stazione è di fronte alla farmacia.	☐	☐
c. Il benzinaio è dietro la chiesa.	☐	☐
d. La banca è accanto all'università.	☐	☐
e. Il supermercato è davanti all'ospedale.	☐	☐
f. La stazione è accanto alla scuola.	☐	☐

RIPASSO

1 | Di che cosa hai bisogno in queste situazioni?

1. stazione | 2. ponte | 3. parcheggio
4. strisce pedonali | 5. fermata della metropolitana

a. Devi lasciare la macchina da qualche parte. ☐
b. Devi prendere un treno per Milano. ☐
c. Devi andare da un quartiere a un altro. ☐
d. Devi attraversare la strada. ☐
e. Devi andare sulla riva opposta dell'Arno, il fiume di Firenze. ☐

2 | Collega le espressioni per formare delle frasi.

1. Senta scusi,
2. Deve prendere la prima
3. Deve andare sempre
4. Mi dispiace,
5. C'è una farmacia
6. La banca è
7. Lei attraversa

a. di fronte alla stazione.
b. non sono di queste parti.
c. il ponte ed è arrivato.
d. traversa a destra.
e. mi sa dire dov'è Piazza della Repubblica?
f. dritto.
g. qui vicino?

1 | Prima di guardare il video, scegli l'opzione corretta per completare gli spazi bianchi nelle immagini. Poi guarda il video e controlla la soluzione.

a.

sa / lì

b.

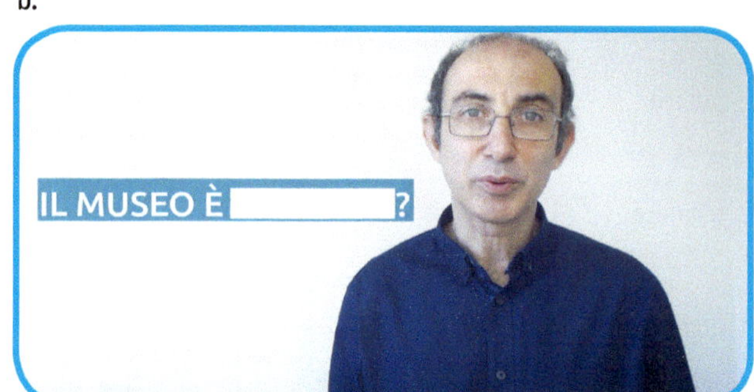

lontano / dove

c.

dritto / presente

d.

la piazza / l'incrocio

2 | Vero o falso?

	VERO	FALSO
a. Per chiedere informazioni usiamo solo il *Lei*.	☐	☐
b. La parola *traversa* significa *piazza*.	☐	☐
c. L'espressione *Ha presente...* significa *Conosce...*	☐	☐
d. *Andare dritto* significa *girare*.	☐	☐
e. *Mi sai dire dov'è il cinema?* è informale.	☐	☐

3 | Nell'esempio finale del video, il turista segue l'itinerario A o l'itinerario B per arrivare in piazza Venezia?

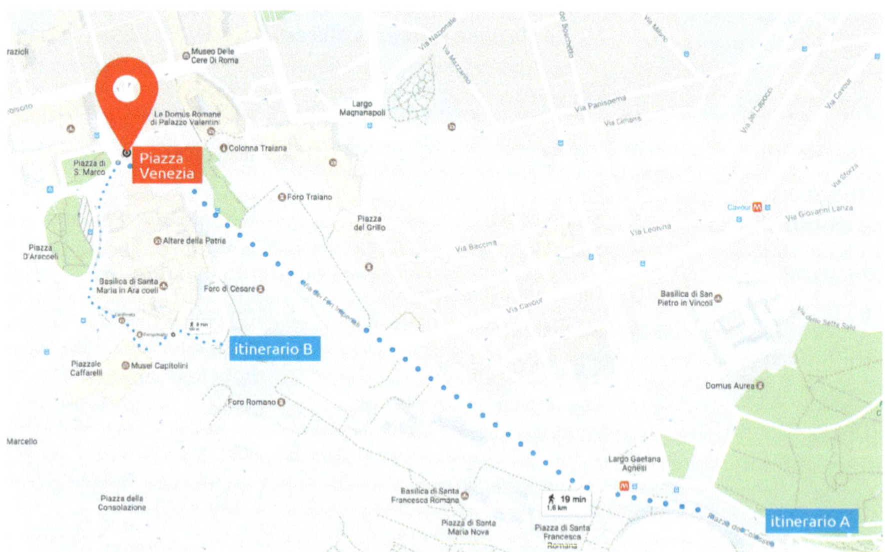

Il turista segue l'itinerario _____.

CHIEDERE DEL TEMPO E RISPONDERE

chiedere del tempo

?

Che tempo fa (da te)?
Com'è il tempo (da te)?
Com'è la temperatura (da te)?
Che dicono le previsioni / Cosa dice il meteo / Come sono le previsioni } per domani / dopodomani / il fine settimana?

dire che tempo fa

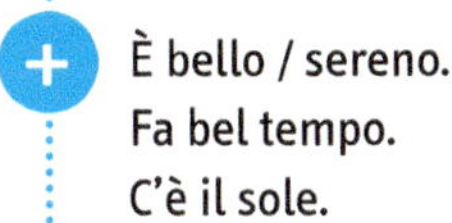

\+ È bello / sereno.
Fa bel tempo.
C'è il sole.

− Piove
Diluvia.

Grandina.

Tira vento.
C'è vento.

È brutto.
È coperto.
È nuvoloso.
Fa brutto tempo.

È variabile.
È parzialmente nuvoloso.

C'è nebbia.

Nevica.

dire com'è la temperatura

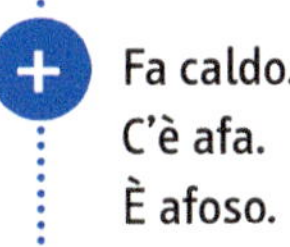

\+ Fa caldo.
C'è afa.
È afoso.

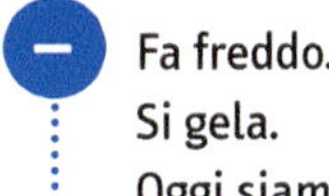

− Fa freddo.
Si gela.
Oggi siamo sotto zero.

parole utili

temporale = forte pioggia con tuoni + fulmini

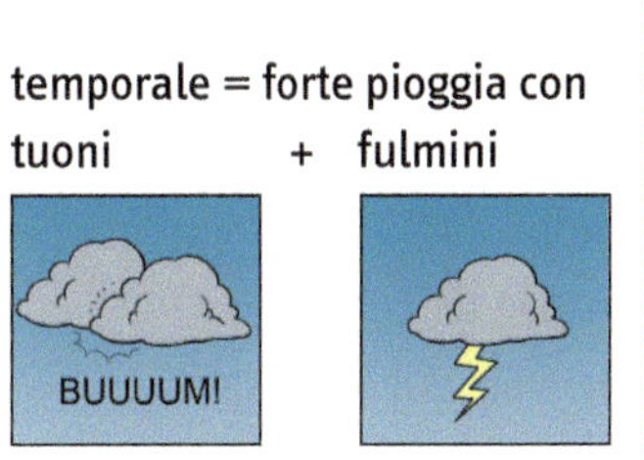

ESPRESSIONI IDIOMATICHE

Si muore dal caldo / freddo.
Fa un freddo cane. (= fa molto freddo)
Piove a dirotto. / Piove a catinelle.
C'è una nebbia che si taglia con il coltello!
C'è un'afa che non si respira.

CHIEDERE DEL TEMPO E RISPONDERE

1 | Sottolinea l'opzione corretta, come nell'esempio.

a. • Scusa, che tempo fa da te?
■ Fa bel / **bene** tempo.

b. • Che dicono le previsioni **per / a** domani?
■ Domani c'è il **sole / piove.**

c. • Com'è il tempo?
■ Non molto bello, c'è **il sole / la nebbia**.

d. • Come sono le previsioni per dopodomani?
■ È **afoso / afa**.

e. • Com'è il tempo?
■ Oggi fa un freddo **muore / cane**.

f. • Che tempo fa a Venezia?
■ Fa **male / brutto** tempo.

g. • Com'è la **temperatura / previsioni** da te?
■ Buona, circa 28 gradi.

h. • Com'è il tempo oggi?
■ Bruttissimo: **diluvia / sereno** e **tira / fa** vento.

2 | Seleziona la frase corretta, come nell'esempio. Le lettere accanto a ogni frase corretta formano una parola: usa la parola per completare l'espressione sotto.

1.	È cattivo tempo.	M	È brutto tempo.	(F)
2.	È parziale nuvoloso.	O	È parzialmente nuvoloso.	U
3.	Tira vento.	L	C'è un vento da lupi.	S
4.	È un caldo morto.	T	Si muore dal caldo.	M
5.	Piove a dirotto!	I	Piove a fiume!	A
6.	C'è gelato.	L	Si gela.	N
7.	La temperatura è sotto zero.	E	La temperatura è meno zero.	O

Un "f _ _ _ _ _ _ a ciel sereno" è un evento o una notizia che arriva all'improvviso, assolutamente inaspettata.

3 | In ogni dialogo manca una parola. Inseriscila come nell'esempio.

~~tempo~~ | freddo | nuvoloso | dicono | temperatura | tira

a. • Che fa a Roma oggi?
■ Oggi piove.

b. • Che le previsioni per domani?
■ Domani c'è il sole.

c. • Com'è la da te?
■ Oggi fanno sedici gradi.

d. • Come sono le previsioni per il fine settimana?
■ Sabato è bello, ma domenica vento.

e. • Com'è il tempo a Napoli?
■ Non piove ma è.

f. • C'è vento a Trieste?
■ No, ma fa un cane.

4 | Scrivi la descrizione del tempo accanto a ogni immagine, come nell'esempio.

piove | c'è vento | è variabile | ~~grandina~~ | fa caldo | è sereno | c'è nebbia | è coperto | nevica

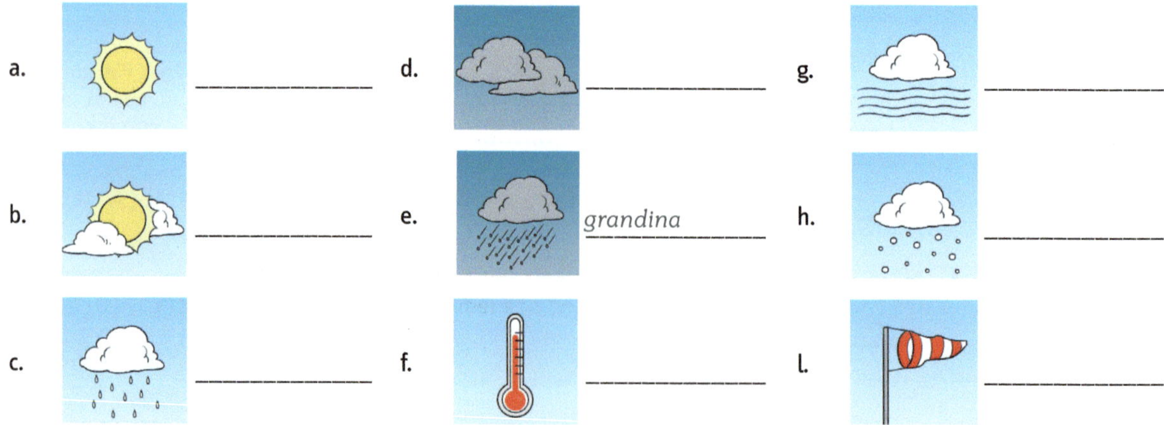

5 | Guarda l'immagine e completa le frasi con le parole mancanti. La prima lettera è già presente, come nell'esempio.

a. A Cagliari c'è il s__________.
b. A Milano c'è la n__________.
c. A Genova c'è il s __________.
d. A Roma è parzialmente n__________ .
e. A Napoli p__________.
f. A Palermo sono previsti t*emporali*__________.
g. A Venezia è molto n__________.

Milano
Venezia
Genova
Roma
Napoli
Cagliari
Palermo

QUALCOSA IN PIÙ

Che tempo da lupi!

È un'espressione usata per le giornate invernali molto fredde, con pioggia o neve e vento forte.

ESPRESSIONI IDIOMATICHE

1 | Collega le frasi con il loro significato, come nell'esempio.

1. Piove molto.
2. Fa molto freddo.
3. Fa molto caldo.
4. Tempo molto caldo e umido. → a
5. C'è molta nebbia.
6. Fa freddo, c'è vento e nevica.

a. C'è un'afa che si muore.
b. C'è un tempo da lupi!
c. Fa un freddo cane.
d. Diluvia.
e. Si muore dal caldo.
f. C'è una nebbia che si taglia con il coltello.

RIPASSO

1 | Completa il cruciverba.

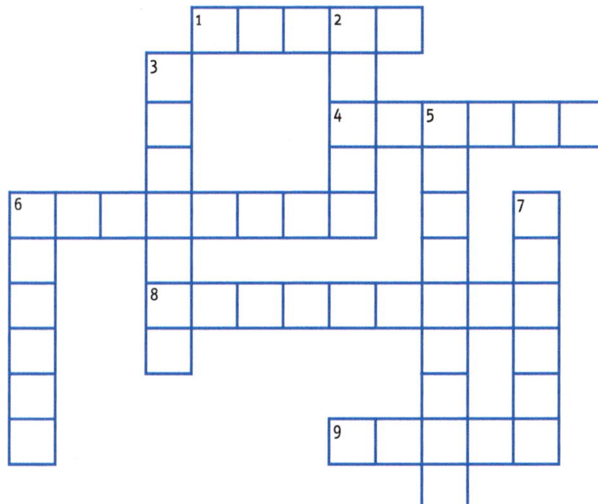

→ ORIZZONTALI
1. Oggi... a catinelle.
4. In inverno fa freddo e qualche volta...
6. Oggi non si vede il sole, è molto...
8. Forte pioggia con tuoni e fulmini.
9. Oggi fa un... che si muore!

↓ VERTICALI
2. Tira un forte...
3. Ieri ha piovuto a... !
5. C'è il sole, ma anche qualche nuvola; è...
6. Non si vede niente, c'è molta...
7. La temperatura è sotto zero: fa molto...

2 | Ordina le parole e forma delle frasi corrette, come nell'esempio.

a. **freddo | fa**
Fa freddo.

b. che | te | fa | da | tempo?
_______________________________?

c. dicono | che | previsioni | le?
_______________________________?

d. la | te | temperatura | da | com'è?
_______________________________?

e. come | sono | dopodomani | le | per | previsioni?
_______________________________?

f. un | cane | freddo | fa.
____

3 | Che cosa si può / si deve fare in queste condizioni climatiche? Abbina il tempo con le azioni.

Quando
1. nevica,
2. tira vento,
3. piove,
4. si muore di caldo,
5. è bello,

si può / si deve
a. bere molta acqua.
b. prendere il sole in spiaggia.
c. fare windsurf.
d. andare a sciare.
e. uscire con l'ombrello.

4 | Scegli l'opzione giusta tra quelle **evidenziate**.

PREVISIONI DEL TEMPO
SITUAZIONE - In queste ore sta arrivando sull'Italia aria **fredda / afa / piove** dai Balcani: la conseguenza è maltempo al Centro Sud e molta **vento / sereno / neve** sugli Appennini.
PREVISIONI - Nord: cielo poco **sole / nuvoloso / vento**, più coperto in Emilia Romagna con possibili piogge e **dirotto / grandina / temporali**.
Centro: maltempo diffuso con **neve / coperto / diluvia** sopra i 100 metri. Nella notte neve debole in Toscana.
Sud e isole: **sole / piogge / neve** e temporali al mattino in Puglia. In Sardegna piogge e temporali su Sardegna orientale e **sereno / vento / fulmine** forte oltre i 30 km all'ora. In Sicilia piogge sparse con neve sopra i 700 / 900 metri.

5 | Completa il testo con le parole della lista.

neve | bianca | centro | neve | nevica | nevicate | notte

Nel 2012 Roma ha vissuto una delle più intense __________ della sua storia. La mattina del 4 febbraio la Città Eterna, dopo una __________ in cui i fiocchi erano caduti senza interruzione, si è risvegliata completamente __________, sotto 30 centimetri di __________.
Si tratta di un evento del tutto eccezionale: a differenza di quanto succede in molte altre città del __________ Italia, nella capitale __________ raramente. Per questo la presenza della __________ rende la popolazione euforica.

1 | Prima di guardare il video, scegli l'opzione corretta per completare gli spazi bianchi nelle immagini. Poi guarda il video e controlla la soluzione.

a.

fa / va

b.

vola / tira

2 | Abbina le frasi della lista con le immagini corrispondenti.

- ☐ Piove molto.
- ☐ Caldo, umido e zero vento.
- ☐ Temperatura molto bassa.

a.

b.

c.

3 | Vero o falso?

	VERO	FALSO
a. Per gli italiani le previsioni del tempo non sono importanti.	☐	☐
b. L'espressione *Che caldo!* significa *Fa molto caldo.*	☐	☐
c. Diciamo *Brrr* perché quando fa freddo abbiamo i brividi.	☐	☐
d. L'espressione *Fa un freddo cane* significa che i cani hanno freddo.	☐	☐
e. L'espressione a *dirotto* si usa quando piove molto.	☐	☐
f. L'afa è una condizione tipica del tempo in inverno.	☐	☐

CHIEDERE UNA QUANTITÀ, PREZZI E PRECISAZIONI

chiedere una quantità

Vorrei del formaggio / delle olive.
Mi dà un chilo / due chili di mele?
(Vorrei) un etto / due etti di prosciutto.
(Volevo) un paio d'etti di parmigiano.

chiedere il prezzo

?
Quant'è al chilo?
Quanto viene al chilo?
Quanto lo / la / li / le mette al chilo?

chiedere precisazioni

?
Quanto ne vuole?
Come lo vuole il prosciutto? Crudo o cotto?
I pomodori li vuole verdi o rossi?
Come la vuole la pizza, bianca o rossa?
Le olive le vuole verdi o nere?

precisare

Ne prendo... + quantità
Lo / Li / La / Le voglio... + aggettivo

per concludere l'acquisto

Poi?	È tutto, grazie.
Qualcos'altro?	No, basta così, grazie.
(Desidera) altro?	No, va bene così
Nient'altro?	No, a posto così.
Basta così?	Sì, grazie.

quantità

un chilo = 1000 g
mezzo chilo = 500 g
un etto = 100 g
un litro = 1 l

quantità non precise
del / delle = un po' di
un paio d'etti = circa 2 etti

QUALCOSA IN PIÙ

Espressioni utili
Il parmigiano oggi è in offerta. Costa solo...
Lo vuole assaggiare?

CONTENITORI

un litro / una bottiglia (d'acqua, di vino, ...)

un pacco (di pasta, di caffè, ...)

una busta (di surgelati, ...)

una confezione (da 6 uova, di caramelle, ...)

un barattolo / vasetto (di marmellata, di yogurt, ...)

un tubetto (di dentifricio, ...)

una lattina (di birra, di aranciata, ...)

una scatola (di tonno, di biscotti, ...)

CHIEDERE UNA QUANTITÀ, PREZZI E PRECISAZIONI

1 | Sottolinea l'opzione corretta.

a. ● Buonasera signora, mi dica.
■ Buonasera, **volevo / dà** due etti di prosciutto.

b. ● Quanto lo **vorrei / mette** il parmigiano?
■ Signora, oggi è **in offerta / a offerta**. Solo sei euro al chilo.

c. ■ Quanto **viene / vengono** le olive nere?
● Sette euro al chilo.

d. ● Quanto viene il pane al **chilo / litro**?
■ **Uno / Un** euro e trenta.

e. ● Serena, quanto zucchero devo comprare?
■ Voglio fare una torta, ne puoi comprare due **litri / chili**? Grazie.

f. ● Signora, desidera qualcos'altro?
■ **Sì / No**, grazie, basta così.

g. ● Scusi, questa ricotta è fresca?
■ Certo! La vuole **assaggiare / altro**?
● Grazie!

h. ● Qualcos'altro?
■ No grazie, va **bene / etto** così.

i. ● Buongiorno, vorrei del prosciutto.
■ Certo, signore. **Quanto ne / Quanto lo** vuole?

l. ● Mi dà due etti di olive, per favore?
■ Sì, **le vuole / lo vuole** verdi o nere?
● **Le prendo / Ne prendo** verdi, grazie.

QUALCOSA IN PIÙ

Per introdurre una richiesta spesso usiamo parole come **Guardi...**, **Senta...**, **Allora...**

QUALCOSA IN PIÙ

2,70 euro = due euro e settanta centesimi = due e settanta.

2 | Completa i dialoghi con le espressioni della lista.

li vuoi | ne compri | ne prendo | le vuoi

a. ● Sara, vai al supermercato?
■ Sì, perché, vuoi qualcosa?
● Sì, per favore. Compri delle olive?
■ Come __________ ? Nere o verdi?
● Verdi.
■ Allora ___________ due etti, va bene?
● Ok. Ah, e anche i pomodori! _____________ un chilo, per favore?
■ Va bene. ___________ rossi o verdi?
● Rossi.

ne vuole | le mette | ne prendo

b. ● Buongiorno. Vorrei delle olive nere. Quanto _____________ al chilo?
■ Le olive nere oggi sono in offerta a 3 euro al chilo.
● Benissimo, allora ________________ tre etti.
■ Certo, signore. E le olive verdi? Anche quelle sono in offerta: _____________ assaggiare una?
● No, grazie, preferisco quelle nere.

3 | Riordina i dialoghi, come nell'esempio.

a. _3_ Sì, quanto?
_1_ Buongiorno signora, mi dica.
_4_ Un paio d'etti.
_2_ Buongiorno Sergio, vorrei del prosciutto.

b. ___ Buongiorno, signora.
___ E poi?
___ Tre etti, grazie.
___ Buongiorno, ha le olive verdi?
___ Basta così, grazie.
___ Poi una mozzarella.
___ Sì, signora, quante ne vuole?
___ Ecco la mozzarella. Altro?

c. ___ Buongiorno, quanto vengono i pomodori?
___ Due euro e mezzo al chilo, signora.
___ Bene, signora. Altro?
___ Ok, mezzo chilo per favore.
___ Le vuole nere? Sono in offerta.
___ Certo signora, ecco: sono buonissime!
___ Sì, un etto di olive.
___ In offerta? Le posso assaggiare?

4 | Completa i dialoghi con le espressioni della lista. Attenzione, in alcuni casi non è necessario aggiungere nulla, come nell'esempio.

~~grazie~~ | posto | quanto | paio | della

a. • Buongiorno, vorrei _- - - - -_ del parmigiano.
■ Sì, Ecco. Altro?
• No, basta così _grazie_.

b. • Buongiorno, __________ mi fa un paio d'etti di formaggio?
■ Certo. Ecco. Poi?
• A __________ così grazie.

c. • Anna, vuoi __________ mozzarella?
■ Sì!
• Ok, di bufala o di mucca?
■ Uhm, __________ viene quella di bufala?
• Cinque euro l'etto.
■ Allora, una da mezzo chilo __________.
• Benissimo.

d. ■ Rino, vuoi comprare ancora qualcos'altro?
• Sì, __________ dello yogurt.
■ Poi?
• Ci sono le arance di Sicilia? Vediamo...
■ No, di Sicilia no, ma ci sono quelle spagnole.
• Umm, va bene, prendiamo un __________ di chili di arance spagnole, allora.

5 | Ordina le espressioni e forma dei dialoghi corretti, come nell'esempio.

a. ecco | vorrei | pane | chilo | di | un
■ _Vorrei un chilo di pane._
• _Ecco._

b. quante | olive | vuole | delle | vorrei | nere | ne
■ ______________________________.
• ______________________________?

c. la | dieci | mozzarella | quanto | viene | euro
■ ______________________________?
• ______________________________.

d. chili | basta | mi | dà | così | due | mele | rosse | poi grazie | di
■ ______________________________?
• ______________________________?
■ ______________________________.

e. prendo | altro | scatola | di | questa | biscotti signora | sì
■ ______________________________?
• ______________________________.

QUALCOSA IN PIÙ

L'espressione ***mi fa*** *si usa per chiedere una cosa che non è confezionata.*
Es. Mi fa due etti di prosciutto?
~~Mi fa una confezione di yogurt?~~

RICORDA! *Il partitivo*

	SINGOLARE	PLURALE
MASCHILE	del	dei
	dello	degli
	dell'	
FEMMINILE	della	delle
	dell'	

6 | Completa lo schema con le forme mancanti del partitivo.

degli | dell' | della | delle | degli | del | dell'

Vorrei...

	SINGOLARE	PLURALE
MASCHILE	_____ parmigiano	dei panini all'olio
	dello speck	_____ yogurt
	_____ olio d'oliva	_____ odori (basilico, prezzemolo, ecc.)
FEMMINILE	_____ mortadella	_____ carote
	_____ insalata russa	delle arance

CONTENITORI

1 | Completa le espressioni, come nell'esempio.

1. Una lattina		a. di dentifricio
2. Un barattolo		b. di biscotti
3. Una scatola		c. di fagioli
4. Un tubetto		d. di marmellata
5. Una confezione da		e. di birra
6. Un pacco		f. sei uova
7. Un vasetto		g. di pasta
8. Una busta		h. d'olio
9. Una bottiglia		i. di surgelati

2 | Completa la pubblicità del supermercato con le parole della lista.

bottiglia | scatola | confezione | pacco

3 | Confronta le offerte dei due supermercati (Carrefour, al punto 2, e Eurospin) e completa la tabella.

	Eurospin	Carrefour
a. L'olio costa meno.		
b. C'è un'offerta sul caffè.		
c. Le offerte sono solo per 10 giorni.		
d. Se cerco il tonno in offerta, dove vado?		
e. C'è un'offerta "prendi 3 paghi 2".		

RIPASSO

1 | Abbina le parti di destra con quelle di sinistra.

1. Quanto viene — a. vuole?
2. Volevo delle — b. latte.
3. Quanto ne — c. paio d'etti di formaggio?
4. Mi dà un — d. olive.
5. Vorrei un litro di — e. al chilo?
6. Desidera — f. mele?
7. Mi dà due chili di — g. altro?

2 | Completa le domande con le parole della lista, come nell'esempio.

~~la~~ | lo | le | li | lo | la | lo

a. Come _la_ vuole la pizza, rossa o bianca?
b. Come ___ vuole il pane, bianco o integrale?
c. Come ___ vuole il pecorino, fresco o stagionato?
d. Come ___ vuole i pomodori, da insalata o da sugo?
e. Come ___ vuole le patate, da fare al forno o fritte?
f. Come ___ vuole la pancetta, a fette o a dadini?
g. Come ___ vuole il prosciutto, di Parma o San Daniele?

3 | Elimina l'intruso.

a. pacco / salame / confezione / tubetto
b. pasta / tonno / caffè / basta
c. un po' di / del / come / un etto di
d. prosciutto / paio / parmigiano / olive
e. volevo / altro / vorrei / mi dà

4 | In quali situazioni usi queste formule?

1. Prendo un piatto di spaghetti.
2. Mi dà un etto di salame di Milano?
3. Gli spaghetti sono in offerta?
4. Mi porta il conto, per favore?
5. Tenga pure il resto.
6. Quanto viene al chilo?
7. Mi fa un etto di mortadella?

AL RISTORANTE	ALL'ALIMENTARI

1 | Prima di guardare il video, scegli l'opzione corretta per completare gli spazi bianchi nelle immagini. Poi guarda il video e controlla la soluzione.

a.

formaggio / olio

b.

altro / a posto

2 | Scegli l'opzione corretta.

Una risposta possibile alla domanda nell'immagine è:

a. A posto così, grazie.
b. Non voglio uno.
c. Ne vorrei due etti.

3 | Vero o falso?

	VERO	FALSO
a. L'espressione *Fare la spesa* significa comprare cibo.	☐	☐
b. *Vorrei del... / Vorrei delle...* indica una quantità precisa.	☐	☐
c. *Quant'è?* è una domanda che si usa per chiedere un prezzo più basso.	☐	☐
d. L'espressione *a posto così* significa che non vogliamo altro.	☐	☐
e. *Un etto* significa centro grammi.	☐	☐

4 | Guarda il video e rispondi alle domande scegliendo l'opzione corretta.

1. L'espressione *vorrei del formaggio* ha lo stesso significato della frase:
   a. *Vorrei un formaggio economico.*
   b. *Vorrei un po' di formaggio.*
   c. *Vorrei il formaggio che compro di solito.*

2. Un chilo è uguale a:
   a. 100 etti.
   b. 10 etti.
   c. 5 etti.

3. Una risposta possibile alla domanda *quant'è al chilo?* è:
   a. Mille grammi.
   b. Lascio?
   c. Sei euro.

4. L'unità di misura del latte è:
   a. il chilo.
   b. l'etto.
   c. il litro.

Tutti i video di italiano in pratica *sono su*  

www.alma.tv

FARE GLI AUGURI

le feste italiane

Natale 25 dicembre
Santo Stefano 26 dicembre
Capodanno 1° gennaio
Epifania [Befana] 6 gennaio
(Anniversario della) Liberazione 25 aprile
Festa dei Lavoratori 1 maggio
Festa della Repubblica 2 giugno
Ferragosto [Assunzione di Maria] 15 agosto
Ognissanti 1° novembre
Immacolata Concezione 8 dicembre

fare gli auguri per le feste

Natale
(Auguri di) buon Natale!
Capodanno
(Auguri di) buon anno!
Natale + Capodanno
Buon Natale e felice anno nuovo! / Buone feste!
Pasqua
Buona Pasqua!
compleanno
Buon compleanno!

} Auguri!

a tavola

Buon appetito!	[prima di mangiare]
Cin cin. / (Alla) salute!	[al brindisi prima di bere]

> **QUALCOSA IN PIÙ**
> *Nella triste eventualità di una morte, in Italia si dice* ***condoglianze*** *agli amici e ai familiari della persona scomparsa.*

> **QUALCOSA IN PIÙ**
> ***Complimenti!*** *Si usa per esprimere ammirazione a qualcuno che ha completato con successo un'impresa difficile, o possiede qualcosa di particolarmente bello e prezioso, ecc.*
> Che bella casa! Complimenti!

auguri per altre occasioni

prima di un esame
● In bocca al lupo.
■ Crepi!
per l'anniversario di matrimonio
Buon anniversario (di matrimonio)!
per un viaggio / vacanza
Buon viaggio! / Buone vacanze! / Divertitevi!
prima di iniziare un'impresa difficile
Buona fortuna!
a una persona ammalata
Auguri (di pronta guarigione)!
matrimonio, nascita e battesimo, laurea, acquisto di una casa, ...
Congratulazioni!

ESPRESSIONI E PAROLE UTILI

Natale

albero di Natale

palla di Natale

fare l'albero
(mettere le luci e le palle all'albero di Natale)

panettone
(dolce tipico del Natale)

Capodanno

fuochi d'artificio

cenone
(grande cena del 31 dicembre)

lenticchie
(piatto tradizionale di Capodanno)

spumante

pandoro
(dolce tipico di Capodanno)

Compleanno

torta

candeline

spegnere le candeline

RICEVERE E DARE UN REGALO

dare un regalo

Tieni, (questo è) per te.
Un pensiero.
Tanti auguri!

esprimere un apprezzamento

Che bello!
Che carino!

dire che il regalo non era dovuto

Non dovevi (disturbarti)!
Ma perché ti sei disturbato?

rispondere

(È) solo un pensiero.
Figurati!
Per così poco!
Non è nulla!
È un piacere!
Di nulla! / Di niente!

Per approfondire, vai su ALMA.tv *e guarda il video "Non dovevi!" nella rubrica* Vai a quel paese.

esercizi

FARE GLI AUGURI

1 | Abbina le ricorrenze con le date.

1. 25 aprile
2. 25 dicembre
3. 2 giugno
4. 1° maggio
5. 6 gennaio
6. 1° gennaio

a. Festa della Repubblica
b. Anniversario della Liberazione
c. Epifania (Befana)
d. Capodanno
e. Festa dei lavoratori
f. Natale

2 | Sottolinea l'opzione corretta.

a. Che bella casa! **Cin cin! / Complimenti!**

b. ● Ieri è morto mio nonno.
■ Mi dispiace tanto. **Condoglianze / Congratulazioni.**

c. ● Ho deciso di partire per Milano. Spero di trovare un lavoro migliore.
■ Beh, allora buona **auguri / fortuna.**

d. ● Ieri mio fratello si è laureato in Fisica!
■ Bravissimo! **Auguri / Congratulazioni!**

3 | Abbina le parti di sinistra con le parti di destra, come nell'esempio.

1. Buona
2. Buon
3. Buon Natale e
4. Cin
5. Alla → g.
6. Tanti
7. In bocca
8. Buone

a. cin.
b. al lupo.
c. auguri
d. Pasqua.
e. felice anno nuovo.
f. vacanze.
g. salute.
h. compleanno.

QUALCOSA IN PIÙ

Secondo una tradizione italiana, il 6 gennaio una strega chiamata ***Befana*** *vola su una scopa e riempie le calze di dolci e caramelle per bambini; se i bambini non sono stati buoni durante l'anno, porta solo carbone… di zucchero!*

QUALCOSA IN PIÙ

In Italia i regali si aprono subito, di fronte alle persone che li hanno portati.

4 | Abbina ogni situazione con le espressioni della lista, come nell'esempio.

In bocca al lupo | Buon appetito | Congratulazioni | ~~Buon compleanno~~ | Natale | Buon viaggio

a. È il compleanno di un amico.
*Buon compleanno*______!

b. Un amico si è laureato.
______________________!

c. Degli amici partono per le vacanze.
______________________!

d. Un amico domani ha un esame importante.
______________________!

e. Sei a tavola con un amico e state per iniziare a mangiare.
______________________!

f. Incontri degli amici il 24 dicembre.
Buon ______________________!

5 | Completa i dialoghi con le parole mancanti, che hanno già le lettere iniziali.

a.
- • Domani sei libero per andare a giocare a tennis?
- ■ No, domani si laurea mia figlia.
- • Ah, con____________________!
- ■ Grazie.

b.
- • Buongiorno Mario, vuoi un caffè?
- ■ No, grazie, fra un paio d'ore ho un esame e sono già abbastanza nervoso.
- • In boc______ al lu_________, allora.
- ■ Cre___________________!

c.
- • Allora hai proprio deciso di accettare questo lavoro a Boston?
- ■ Sì. Non è facile lasciare l'Italia, la famiglia, gli amici, ma è un'occasione unica.
- • Beh, allora buo___________ for___________!

d.
- • Devo fare un regalo a Carla, vieni con me?
- ■ Perché, è il suo compleanno?
- • No, domani festeggiamo 10 anni di matrimonio.
- ■ Davvero? Bu____________ ann______________!

e.
- • Assaggia questo vino, lo fa mio fratello.
- ■ Volentieri. Alla sal__________________!
- • Cin cin!

ESPRESSIONI E PAROLE UTILI

1 | Guarda l'immagine e scrivi il numero corrispondente alle parole della lista.

☐ regali ☐ fuochi d'artificio ☐ spumante ☐ panettone ☐ palle ☐ albero di Natale

2 | Completa il testo con le parole della lista.

palle di Natale | lenticchie | albero di Natale
fuochi d'artificio | brindisi | cenone

a.
Dicembre è il mese del Natale e l'ultimo mese dell'anno: intorno all'8 dicembre le famiglie fanno l'_______________, con tante luci e _______________ colorate. Il 31 dicembre, preparano il _______________ o vanno al ristorante. Nel menù non possono mancare le _______________ e a mezzanotte si fa il _______________ per salutare il nuovo anno, mentre nel cielo ci sono i _______________.

Festa della Repubblica | torta | regalo
compleanno | candeline

b.
Oggi è il 2 giugno. Io sono nato in questo giorno, quindi oggi è il mio _______________. Ma il 2 giugno è anche la _______________.
Di solito organizzo una festa con i miei amici.
Alla fine della cena arriva la _______________.
Sulla torta ci sono 32 _______________. Eh sì, ho 32 anni!
I miei amici mi hanno fatto un _______________ bellissimo: un biglietto aereo per Barcellona!

RICEVERE E DARE UN REGALO

1 | Ordina le parole fra parentesi, come nell'esempio.

a. • Ciao Mario, come stai?
■ Bene grazie, e tu?
• Anch'io bene. Senti, ti ho portato un regalino da New York.
■ Oh, che bello. *Però mi dispiace* (dispiace | però | mi), ____________________ (disturbarti | dovevi | non).
• Ma ____________________ (disturbo | nessun | figurati).

b. • Tieni, ____________________ (è | te | per | questo).
■ Grazie, ma è bellissimo, ____________________ (disturbato | ti | perché | sei)?
• Ma no, ____________________ (non | nulla | è).
■ Grazie, ____________________ (proprio | è | bello).

c. • Tanti auguri! ____________________ (è | un | per | pensierino | questo | te).
■ Uh! Ma che carino, grazie! Sei molto gentile!
• ____________________! È un piacere. (per | poco | così)

RIPASSO

1 | Completa il cruciverba.

→ ORIZZONTALI
4. Sono sulla torta di compleanno.
7. Il 6 gennaio.
8. In un brindisi diciamo: "Alla..."
9. Una tua amica si è laureata: cosa dici?

↓ VERTICALI
1. Un piatto tipico del 31 dicembre.
2. Il primo giorno dell'anno.
3. Quando qualcuno muore, ai parenti diciamo...
5. Si fa a Natale.
6. Buona P...!

2 | In quali di queste situazioni non puoi dire "Auguri!"?

a. a un compleanno ☐
b. il 31 dicembre ☐
c. quando scompare una persona cara ☐
d. a Pasqua ☐
e. prima di iniziare a mangiare ☐
f. a Natale ☐

3 | Abbina le situazioni con la formula corrispondente.

1. È il primo gennaio.
2. È il 15 agosto.
3. Sei a tavola con degli amici.
4. Elisa e Roberto festeggiano il loro quinto anniversario di matrimonio.
5. Carmen va in discoteca.
6. È il compleanno di Patrizio.
7. Alessandro e Tommaso vanno una settimana a Ischia.
8. È il 30 aprile e stai salutando i tuoi colleghi a fine giornata.

a. Buon divertimento!
b. Tanti auguri!
c. Buon primo maggio!
d. Buone vacanze!
e. Felice anno nuovo!
f. Buon ferragosto!
g. Buon anniversario!
h. Buon appetito!

4 | Guarda le foto e scrivi un augurio appropriato.

a. ________________ ________________ ________________!

b. Buon ________ ________________ ________________!

c. ________________ ________________ ________________!

d. Buona ________ ________________ ________________!

1 | Prima di guardare il video, scegli l'opzione corretta per completare gli spazi bianchi nelle immagini. Poi guarda il video e controlla la soluzione.

Quale espressione usiamo in queste situazioni?

a.

che bello / congratulazioni

b.

ESAME

buona fortuna / in bocca al lupo

2 | Vero o falso?

		VERO	FALSO
a.	L'espressione *auguri* si usa per molte feste e occasioni.	☐	☐
b.	L'espressione *cin cin* si usa prima di mangiare.	☐	☐
c.	A un compleanno si può dire *auguri* e *buon compleanno.*	☐	☐
d.	All'espressione *in bocca al lupo* si risponde *grazie.*	☐	☐
e.	Se due amici vanno a una festa, puoi dire *divertitevi*!	☐	☐
f.	L'espressione *congratulazioni* si usa solo per i battesimi.	☐	☐

3 | Completa le notizie con gli auguri appropriati. Sono possibili soluzioni diverse.

a. Oggi è il compleanno di **Antonio Ferri**.
Fai gli auguri ad Antonio:

Mi piace Commenta Condividi

b. Mara Antonelli

Oggi mia figlia Cristina Monti ha un esame importante: la maturità! Sono più nervosa di lei :D

Mi piace Commenta Condividi

c. Tania Olmi

Domattina io e Simona Taddei partiamo per il Madagascar!!!! Che belloooooooo!!!!

Mi piace Commenta Condividi

d. Giulio La Rocca

Sabato io e l'amore della mia vita, Francesca Ansini, abbiamo festeggiato il nostro primo anniversario di matrimonio. Grazie a tutti, è stata una festa meravigliosa.

Mi piace Commenta Condividi

LA FAMIGLIA

chiedere informazioni sulla famiglia

dare informazioni

chiedere informazioni sulla famiglia	dare informazioni
Stai con qualcuno? / Sei sposato/a?	Sì, sono sposato/a. Sì, ho un compagno / una compagna. No, però ho un compagno / una compagna. No, sono single / separato / divorziato / vedovo.
Hai figli? / Avete figli?	Sì, un maschio / un maschio e una femmina / ... No, ma aspettiamo un bambino.
Quanti siete in famiglia?	Quattro: io, i miei genitori e mio fratello / mia sorella. Tre: io, il mio compagno e sua figlia.
Hai fratelli o sorelle?	No, sono figlio unico / figlia unica. Sì, ho...

ATTENZIONE!
Per dire ***i miei genitori / i tuoi genitori****, spesso usiamo l'espressione:* ***i miei / i tuoi****.*

lessico per le relazioni di coppia

sposati
il marito / la moglie

non sposati
il / la partner
il compagno / la compagna
il fidanzato / la fidanzata
il ragazzo / la ragazza [usato da adolescenti o giovani]

relazione extraconiugale
l'amante

QUALCOSA IN PIÙ

Articolo sì o no?
Con i nomi che indicano legame di parentela l'articolo determinativo ha una regola precisa:

NO *al singolare*
mio padre, mia madre, mia sorella

SÌ *al plurale*
i miei genitori, le mie sorelle
al singolare con le parole mamma e papà / babbo
la mia mamma, il tuo papà, il suo babbo
con le parole compagno, partner, fidanzato/a
la mia compagna si chiama Eva
con aggettivi
la mia sorella minore, la sua zia romana

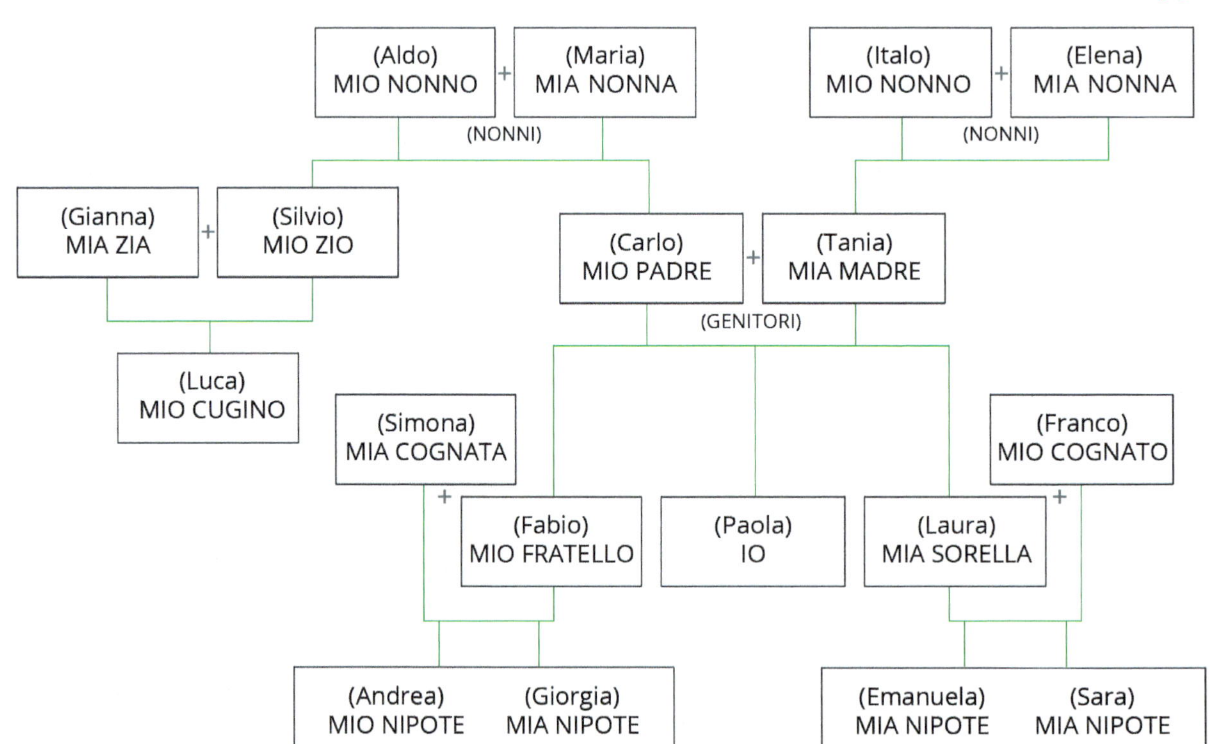

LA DESCRIZIONE FISICA

Chi è questo signore anziano?	È mio padre / zio / ...
Chi è questa signora alta?	È mia madre / zia / ...
Chi sono questi due ragazzi biondi?	Sono i miei cugini.

aggettivi ed espressioni utili

alto <=> basso
magro / snello <=> ben piazzato / robusto
calvo / pelato [= senza capelli]
giovane <=> anziano
piccolo <=> grande
maggiore <=> minore [fratello, sorella, ...]
con gli occhi blu / marroni / verdi
con la barba
con i baffi
con i capelli { biondi / castani / rossi / neri; ricci <=> lisci; lunghi <=> corti }

ATTENZIONE!
Il contrario di magro è grasso, ma ***non è educato*** *usare questo aggettivo quando parliamo di una persona. In generale usiamo espressioni o parole per far capire che quella persona non è magra. Lo stesso vale per altri aggettivi: calvo / pelato (meglio dire "senza capelli / con pochi capelli") e vecchio (meglio dire anziano).*

esercizi

CHIEDERE INFORMAZIONI SULLA FAMIGLIA

1 | Sottolinea l'opzione corretta, come nell'esempio.

a. • Sei **sposato/matrimonio**?
■ Sì. Da due anni.

b. • Hai **single / figli**?
■ Sì, un maschio e una femmina.

c. • Mia moglie è **single / incinta**.
■ Ah, che bello!

d. • Perché è a Roma?
■ Perché il mio **marito / partner** lavora a Roma.

e. • Giovanna è la tua **fidanzata / sposata**?
■ Sì, ci sposiamo a maggio.

f. • Hai fratelli o sorelle?
■ No, sono figlio **solo / unico**.

QUALCOSA IN PIÙ
In italiano la parola ***parenti*** *significa persone che hanno una relazione familiare: quindi i cugini, i fratelli, i genitori, le zie, le nonne, ecc. sono tutti parenti.*

QUALCOSA IN PIÙ
Con il possessivo ***loro*** *si usa sempre l'articolo, anche con i nomi di parentela al singolare.*
Ieri abbiamo incontrato Agata e Damiano con **la loro** figlia Giorgia.

2 | Ordina le parole delle liste e forma dei dialoghi.

a. è | mio | questo | piacere | marito
• ______________________________
■ ______________________________.

b. vivi | con | i | miei | tuoi | sì | vivo | i | con
• ______________________________?
■ ______________________________.

c. Giovanna | è | ci sposiamo | tua | moglie | no, | ma | fra | tre | mesi
• ______________________________?
■ ______________________________.

d. quanto | tre | anni | tempo | da | sei | sposato | da
• ______________________________?
■ ______________________________.

3 | Completa lo schema con le forme dell'aggettivo possessivo.

SINGOLARE	mio nipote	___ cugino	___ nonno	nostro fratello	___ padre	il loro padre
	___ sorella	tua zia	sua cognata	nostra nonna	___ madre	la ___ nipote
PLURALE	i ___ cugini	i ___ fratelli	i ___ nipoti	i ___ genitori	i vostri zii	le ___ sorelle
	le mie zie	le tue nonne	le sue cugine	le ___ sorelle	le vostre nipoti	i loro nonni

4 | Completa la figura con le parole della lista.

nonni | genitori | zio | sorella | cognata | nipoti | nonni

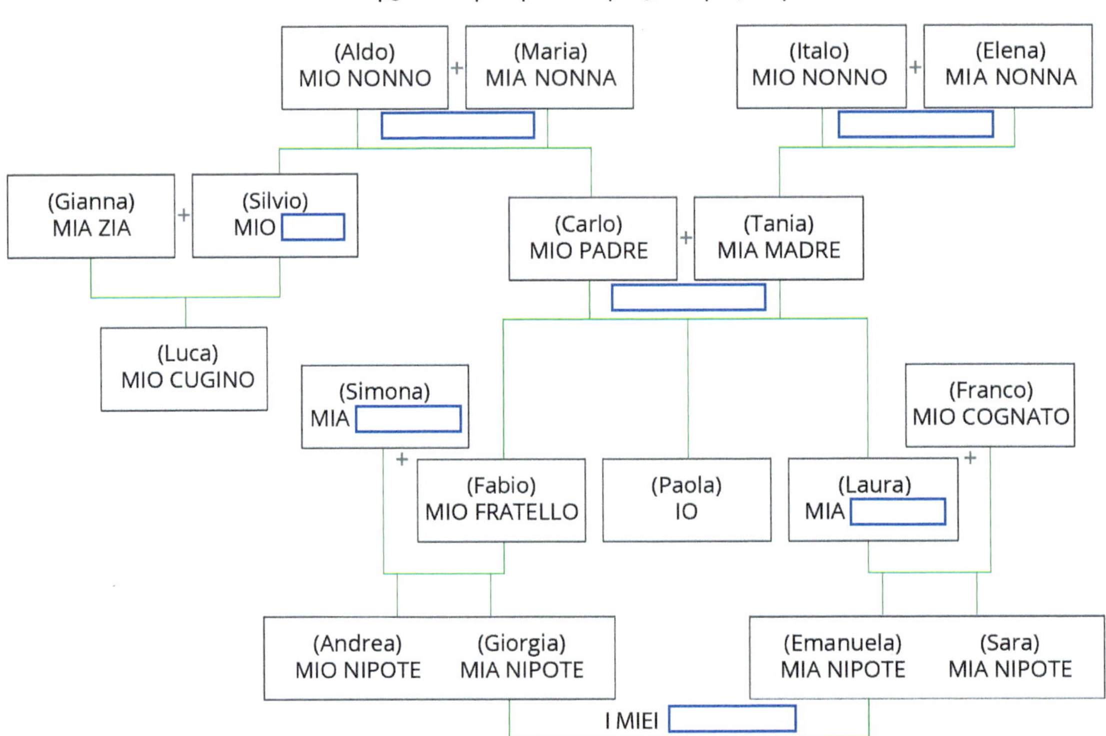

5 | Completa le frasi con gli aggettivi possessivi dati.

mia | miei | suo | mio | miei | vostro | tuoi

a. I figli di mio fratello sono i ______ nipoti.
b. Il padre di mia madre è ______ nonno.
c. Sara e Bruno non sono sposati, lui è il ______ compagno.
d. ______ figlia adesso ha il ragazzo. È il figlio di un cantante famoso!
e. Va bene, quest'anno passiamo il Natale con i ______, ma poi a Capodanno andiamo dai ______? Mio padre ha preso in affitto una casa in montagna!
f. Scusate, ma veramente quel ragazzo in macchina è ______ figlio? L'ultima volta che l'ho visto era un bambino!

QUALCOSA IN PIÙ

La parola ***il mio amico / la mia amica*** *in italiano non indica una relazione amorosa, ma solo di amicizia.*

6 | Abbina le parole a sinistra con le definizioni a destra.

1. mia zia
2. mio nonno
3. mio cognato
4. mia nipote
5. i miei cugini
6. mia nuora
7. mio fratello

a. la figlia di mia sorella
b. la moglie di mio figlio
c. il padre di mio padre
d. la sorella di mio padre
e. il figlio di mio padre
f. il marito di mia sorella
g. i figli di mia zia

QUALCOSA IN PIÙ

In una coppia, i genitori del marito o della moglie sono i ***suoceri*** *(il suocero e la suocera); per i genitori, il marito della figlia è il* ***genero****, la moglie del figlio è la* ***nuora****.*

7 | Riempi gli insiemi con le parole della lista, come nell'esempio.

~~padre~~ | compagno | cugino | amante | amico | moglie | cognato | partner | marito | fidanzato

PARENTI	NON PARENTI
padre	

LA DESCRIZIONE FISICA

1 | Abbina ogni aggettivo al suo contrario.

1. robusto	a. corto
2. giovane	b. brutto
3. basso	c. magro
4. bello	d. anziano
5. lungo	e. alto

QUALCOSA IN PIÙ

Con la parola ***nipote*** *in Italia intendiamo diversi tipi di parentela.*
Nipoti / nonni – Siamo i nipoti dei nostri nonni.
Ai nonni piace stare con i loro nipoti.
Nipoti / zii – Siamo i nipoti degli zii e delle zie, di ogni grado.
Io non ho figli, ma due nipoti: sono i figli di mia sorella.

2 | Scrivi sotto le foto il nome delle persone descritte nelle frasi.

a. Enrico ha i capelli corti e castani, gli occhi marroni, la barba e i baffi.
b. Annalisa ha i capelli rossi corti e lisci, porta gli occhiali.
c. Piera ha i capelli bianchi e gli occhi azzurri.
d. Serena ha gli occhiali, i capelli lunghi e castani.
e. Cesare è robusto, ha i capelli bianchi, la barba bianca.

1. 
____

2. 

____

3. 
____

4. 
____

5. 
____

RIPASSO

1 | Completa i dialoghi. Le prime lettere di ogni parola sono già presenti, come nell'esempio.

- ● Mamma, questa è la foto del tuo matrimonio?
- ■ Sì.
- ● Papà era molto mag*ro*_______ e aveva anche tutti i cap_________.
- ■ Eh, sì anche io ero più sne_________.
- ● Senti, questo signore bas_________ con la camicia rosa chi è?
- ■ È zio Massimo, aveva 17 anni.
- ● Che bel rag_________! E questi due bambini piccoli?
- ■ Quelli sono i miei cug_________ argentini. Erano in Italia in quel periodo.
- ● E dove sono adesso?
- ■ Sono emigrati in Germania.
- ● Nonno era molto al______________, no?
- ■ Sì, nonno era un metro e novanta! Un uomo grande e ben piaz______________ e con una lunga bar______________.

2 | Completa i dialoghi con le parole della lista. Attenzione, ci sono quattro parole in più.

tuoi | tuo | nostra | nostro | Sua | tue | nostre | sue

a. ● Come sta tua madre?
■ Bene grazie, e _________ padre?

b. ● Vostra sorella è quella con il vestito rosso?
■ No, _________ sorella in questa foto non c'è.

c. ● Signor Vincenti, c'è _________ sorella al telefono.
■ Mia sorella?! Non è possibile, io non ho sorelle!

d. ● Questo con i baffi è vostro figlio?
■ No, è _________ nipote, il figlio di mia sorella.

3 | Abbina i verbi con le definizioni.

1. separarsi
2. sposarsi
3. divorziare
4. mettersi insieme
5. innamorarsi
6. rimanere incinta

a. iniziare una relazione di coppia
b. iniziare una gravidanza
c. iniziare a provare un sentimento amoroso
d. interrompere una relazione
e. diventare marito e moglie
f. separarsi legalmente

4 | Adesso completa le frasi con i verbi al passato prossimo.

a. Mi hanno detto che tu e Martina (*separarsi*)____________________, mi dispiace!
b. Sara (*innamorarsi*) ____________________ di un ragazzo fantastico, è così felice!
c. Quando (*tu - rimanere*) ____________________ incinta, quanti anni avevi?
d. Marina e Alfredo (*mettersi*) ____________________ insieme cinque anni fa.
e. Mia cugina Lisa (*sposarsi*) ____________________ a Boston perché suo marito è di lì.
f. Io e Pietro (*divorziare*) ____________________ anni fa, ma siamo rimasti in buoni rapporti.

5 | Completa le domande con gli interrogativi della lista. Sono possibili soluzioni diverse. Attenzione: in una frase non bisogna aggiungere nessun interrogativo.

come | con chi | quando | quanti

a. _________ siete in famiglia?
b. _________ ti sei sposato?
c. _________ stanno i tuoi?
d. _________ si chiama il tuo compagno?
e. _________ hai fratelli o sorelle?
f. _________ stai in questo momento?

Vai a pagina 66 e fai la parte B del Test 1

1 | Prima di guardare il video, scegli l'opzione corretta per completare gli spazi bianchi nelle immagini. Poi guarda il video e controlla la soluzione.

a.

nubile / nipote

b.

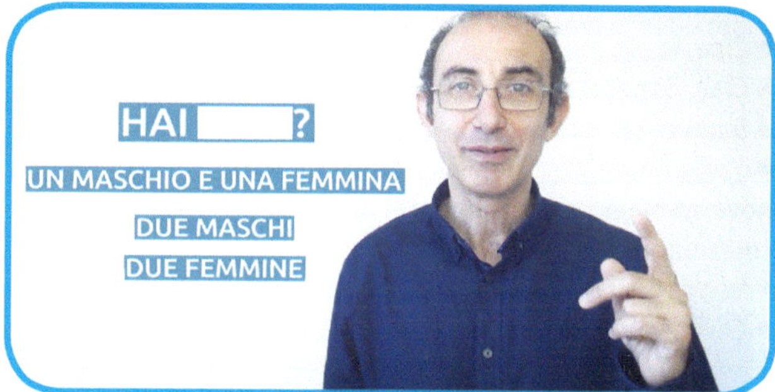

coppie / figli

2 | Completa gli elementi nell'immagine con le parole della lista. Attenzione, c'è una parola in più.

ragazzo | ragazza | figli | zii

3 | Vero o falso?

		VERO	FALSO
a.	In Italia *sei sposato/a?* è una domanda frequente.	☐	☐
b.	La domanda *come stanno i tuoi?* significa *come stanno i tuoi genitori?*	☐	☐
c.	*Convivere* significa vivere con il proprio partner.	☐	☐
d.	*Fidanzato* è una parola vecchia che non si usa più per niente.	☐	☐
e.	*Single* è sinonimo di *nubile / celibe*: si usano tutte e tre le parole senza alcuna differenza.	☐	☐

4 | Completa la trascrizione con le parole della lista.

solo | figli | stanno | fidanzati | single | dai | i miei | celibe | vecchia | convivono

E poi molti non si sposano più, ________________, o hanno il partner, o il compagno, la compagna, o sono ________________. La parola *fidanzato* o *fidanzata* è un po' ________________, ma negli ultimi tempi è tornata di moda.
Moltissimi poi sono ________________, cioè non hanno al momento una relazione. Usiamo la parola inglese perché le due italiane che abbiamo, ________________ per l'uomo e *nubile* per la donna, sono ormai ________________ nei documenti di identità.
Alla domanda *hai* ________________?, se abbiamo figli rispondiamo: "Sì, due, un maschio e una femmina, o due maschi, due femmine", dipende naturalmente. Per i genitori spesso non diciamo *i miei genitori*, ma semplicemente ________________ e *i tuoi. Come* ________________ *i tuoi?, Andiamo a cena* ________________ *miei?*

1 | Completa i dialoghi con le parole della lista.

a. Un incontro tra due studenti prima di un test.

le | vado | mi | ora | alle

● Ciao, io _______________ chiamo Nadia e tu?
■ Ciao, Sandro. Piacere.
● Sandro, sai a che _______________ inizia il test?
■ _______________ undici. Adesso sono _______________ nove, abbiamo ancora due ore! Io _______________ a fare colazione al bar accanto alla scuola.
● Vengo anch'io, posso? Non voglio aspettare due ore qui.
■ Certo, volentieri!

b. Sandro e Nadia al bar.

altra | da | complimenti | me

● Io prendo un caffè e una brioche. E tu, Nadia?
■ Per _______________ un cappuccino.
● Prendi anche qualcosa _______________ mangiare?
■ No, grazie.
● Sei sicura? Non fare _______________!
■ Magari un'_______________ volta.
● Allora un caffè, un cappuccino e una brioche.

c. Alla cassa del bar.

arrivederci | vorrei | Lei | è | e

● Buongiorno, _______________ un caffè, un cappuccino e una brioche. Quant'_______________?
■ Due _______________ sessanta.
● Ecco a lei.
■ Grazie e _______________.
● Grazie a _______________.

d. Nadia telefona a Sandro.

come | dalle | a | va | libero | ciao | alle | posto | ne | alle così | purtroppo

■ _______________ Sandro, sono Nadia, ti ricordi?
● Ah, Nadia, certo, _______________ stai?
■ Eh, così _______________: non sono passata al test. E a te come _______________?
● Tutto a _______________, grazie.
■ E il tuo test?
● Neanche io sono passato, purtroppo.
■ Ah, mi dispiace. Senti Sandro, ti ho chiamato perché volevo chiederti quando sei _______________, magari per una pizza.
■ _______________ questa settimana solo di mattina: _______________ nove _______________ undici.
● Bene, allora facciamo colazione insieme, che _______________ dici?
■ Ok, ma dove?
● Davanti alla stazione Termini, mercoledì _______________ nove, ok?
■ Ok.
● _______________ mercoledì allora.
■ Ciao!

Ogni parola al posto giusto: 1 punto. Totale: ___/26

2 | Leggi i dialoghi e scegli l'opzione corretta tra quelle **evidenziate**.

a. ● Hai giocato a tennis lo **scorso / futuro** martedì?
■ No, però probabilmente giocherò martedì **vicino / prossimo**.

b. ● **Tra / Fa** due giorni torna Maria, no?
■ Sì, torna dopodomani.

c. ● Quando sei venuto a vivere a Roma?
■ Sei anni **fa / scorsi**.
● Quindi **al / nel** 2010.
■ Sì, esatto.

d. ● Che **giorno / anno** è oggi?
■ Martedì.
● No, voglio dire, quanti ne **siamo / abbiamo**?
■ Ah, oggi è il **maggio, sette. / sette maggio**.

Ogni scelta corretta: 1 punto. Totale: ___/8

3 | Completa le frasi di destra con le espressioni della lista.

qualche volta | sempre | raramente | spesso | mai

1. Mio fratello non ha la macchina. = Mio fratello non va ___________ all'università in macchina.
2. Tutti i giorni Francesca si sveglia alle sette. = Francesca si sveglia ___________ alle sette.
3. Mia nonna è andata a teatro due volte in tutta la vita. = Mia nonna è andata a teatro ___________.
4. In vacanza mangiamo al ristorante quasi ogni sera. = In vacanza mangiamo ___________ al ristorante.
5. Di tanto in tanto mi piace guardare il calcio in tv. = ___________ guardo il calcio in tv.

Ogni parola al posto giusto: 1 punto. Totale: ___/5

4 | Abbina le situazioni di sinistra con le frasi di destra.

1. Vedi un nuovo studente e vuoi conoscerlo.
2. Non ricordi che giorno è.
3. Arrivi ufficio e incontri un tuo collega.
4. Oggi è l'ultimo giorno di scuola, saluti il tuo professore.
5. Ti presentano una persona.
6. Vuoi rifiutare l'offerta di un amico.
7. Vuoi iscriverti in palestra, ma non sai quando è aperta.

a. Molto piacere.
b. Scusi, qual è il vostro orario?
c. Mi dispiace, ma non posso.
d. Ciao, io sono Laura, come ti chiami?
e. Buone vacanze!
f. Quanti ne abbiamo oggi?
g. Ciao Franco, come va?

Ogni abbinamento corretto: 1 punto. Totale: ___/7

5 | Abbina le immagini con gli orari corrispondenti.

a.

b.

c.

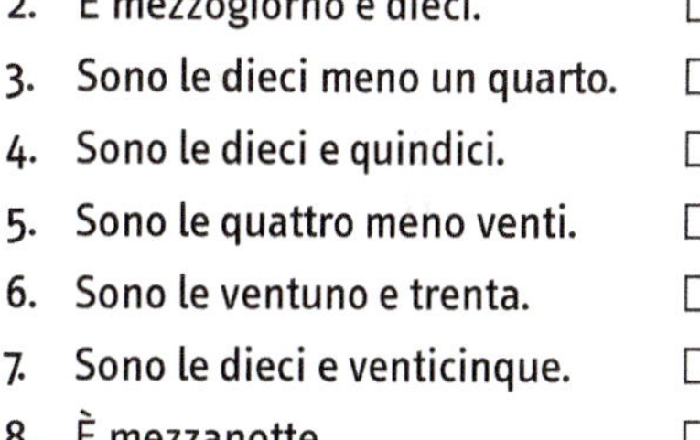

1. È l'una. ☐
2. È mezzogiorno e dieci. ☐
3. Sono le dieci meno un quarto. ☐
4. Sono le dieci e quindici. ☐
5. Sono le quattro meno venti. ☐
6. Sono le ventuno e trenta. ☐
7. Sono le dieci e venticinque. ☐
8. È mezzanotte. ☐

d.

e.

f.

g.

h.

Ogni abbinamento corretto: 0,5 punti. Totale: _____/4

PUNTEGGIO TOTALE PARTE A: ___/50

1 | Completa i dialoghi con le parole della lista.

1. davanti | dritto | figuri | attraversa | lontano | vicino
dire | parti | piazza

• Scusi, mi sa _______________ se c'è una gelateria da queste _______________?
■ Sì, certo, ci sono molte gelaterie qui _______________, ma il più gelato più buono è a GeloMatto.
• Ah, e dov'è? _______________?
■ Non molto, è _______________ al Senato, sa dov'è?
• No, mi dispiace.
■ Allora, Lei cammina _______________ su questa strada fino al ponte, è ponte Garibaldi, lo _______________ e continua per altri 200 metri, arriva in _______________ Risorgimento e lì c'è GeloMatto.
■ Ah, grazie molte.
• Prego, si _______________.

2. muore | nebbia | fa | tempo | cane | afa | piove
previsioni | sole

Ring, ring, ring, ring
• Pronto, mamma?
■ Sì, Marco, sei arrivato?
• Sì, sono arrivato adesso a Heathrow.
■ Ah bene, e che tempo _______________?
• Non molto bello: _______________ a dirotto.
■ Beh, in Inghilterra non è strano, no? Senti, c'è anche la _______________?
• Sì, non si vede niente, fa anche un freddo _______________. Però le _______________ dicono che da domani pomeriggio viene il _______________.
■ Ah, per fortuna.
• E da voi in Sicilia, com'è il _______________?
■ Eh, qui si _______________ di caldo, come sempre a giugno.
• Ah, e domani andate a camminare sul vulcano?
■ No, fa troppo caldo e poi c'è un'_______________ che non si respira. Ora ti saluto perché con papà andiamo al mare, ciao.
• Ciao, mamma.

Ogni parola al posto giusto: 1 punto.	Totale: ___/18

2 | Sottolinea l'opzione corretta tra quelle **evidenziate**.

■ Buongiorno. Che cosa Le do?
• **Volevo / Faccio** un paio d'etti di prosciutto.
■ Sì, quale?
• Quello di Parma quanto **va / viene** al chilo?
■ Ventisei euro.
• Va bene, due etti.
■ Bene. Ecco. **Puoi / Altro**?
• Il Parmigiano quanto **va / viene**?
■ Trentatré euro.
• Ah, ok, un po' caro, allora due etti soltanto, per favore.
■ Sì, desidera **altro / più**?
• No, **pieno / basta** così, grazie.

Ogni scelta corretta: 1 punto.	Totale: ___/6

3 | Sottolinea l'opzione corretta tra quelle evidenziate. Poi abbina ogni frase con l'immagine corrispondente.

1. Una **lattina / scatola** di birra. ☐
2. Un **pacco / barattolo** di pasta. ☐
3. Una **confezione / bottiglia** di uova. ☐
4. **Una busta / Un barattolo** di surgelati. ☐
5. Un **vasetto / tubetto** di marmellata. ☐

a.

b.

c.

d.

e.

Ogni opzione corretta: 0,5 punti; ogni abbinamento corretto: 0,5 punti.	Totale: ___/5

4 | Abbina le situazioni con le frasi della lista. Attenzione: c'è una frase in più.

1. Chiedi un'informazione stradale.
2. Fa freddo, c'è vento, piove molto.
3. Vuoi 100 grammi di prosciutto.
4. Fai una domanda sulla famiglia.
5. Fai un brindisi.

a. Quanti anni hanno i tuoi?
b. Scusi, dov'è Piazza Roma?
c. Che tempo da lupi!
d. Cin cin!
e. Vorrei un etto di crudo.
f. Che bella giornata!

Ogni abbinamento corretto: 1 punto. Totale: ___/5

5 | Scegli la reazione corretta.

1. Tieni, un pensiero per te. Auguri!
   a. Ma figurati! È un regalo!
   b. Ma grazie! Non dovevi disturbarti!
2. Mario, ecco, un pensiero.
   a. Nessun disturbo.
   b. Oh, ma che carino!
3. Ma non dovevi disturbarti!
   a. Ma figurati!
   b. Che nulla!
4. Tanti auguri!
   a. Per così poco!
   b. Oh, grazie!

Ogni scelta corretta: 1 punto. Totale: ___/4

6 | Abbina le situazioni con le frasi della lista. Attenzione: c'è una frase in più.

1. Ti presenti a un amico di tuo nipote Franco.
2. Ti presenti a un'amica di tua zia.
3. Chiedi a una persona se ha una moglie.
4. Chiedi a un amico se ha una famiglia numerosa.
5. Presenti la tua partner.
6. Chiedi a una persona se ha bambini.
7. Dici che non hai fratelli.

a. Ciao, sono Mario, lo zio di Franco.
b. Sono figlio unico.
c. Buongiorno signora, sono Paola, la nipote di Ada.
d. Quanti siete in famiglia?
e. È sposato?
f. Avete figli?
g. Questa è Sara, la mia ragazza.

Ogni abbinamento corretto: 1 punto. Totale: ___/7

7 | Abbina le immagini alle descrizioni.

1.

Serena

2.
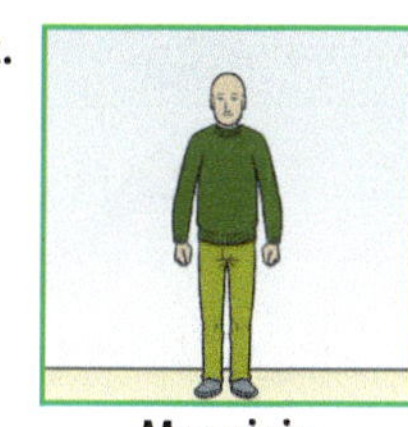
Maurizio

3.

Paola

4.
Gianluca

5.

Marta

a. Ha i capelli neri lunghi, non è magra ma non è grassa.
   Soluzione: __________
b. È anziana, è alta, ha i capelli neri ricci.
   Soluzione: __________
c. Ha i capelli rossi e ricci, è alta, snella.
   Soluzione: __________
d. È basso, è magro, è calvo.
   Soluzione: __________
e. È alto, ha i baffi, ha i capelli biondi ricci.
   Soluzione: __________

Ogni abbinamento corretto: 1 punto. Totale: ___/5

PUNTEGGIO TOTALE PARTE B: ___/50

PUNTEGGIO COMPLESSIVO: ___/100

FARE RICHIESTE IN UN NEGOZIO DI ABBIGLIAMENTO*

cosa può chiedere il cliente

Volevo / Vorrei vedere quella gonna di lana in vetrina.
Cercavo / Cerco un paio di pantaloni di cotone.
Posso provarla/lo/le/li?
Avete una 42?
Posso provare una taglia / una misura più piccola / grande?

cosa può dire il commesso

Prego, mi dica.
Che misura ha / porta?
Che taglia ha / porta? [per i vestiti]
Che numero ha / porta? [per le scarpe]

la taglia

La piccola / media / grande.
La (taglia) 42. [per i vestiti]
Il (numero) 42. [per le scarpe]

tessuti e materiali

di lana

di pelle

di cotone

motivi

a tinta unita

a fiori

a righe

a quadri / a scacchi

i capi di abbigliamento

completo

cappotto

vestito

gonna

guanti

giubbotto

piumino

giacca

pantaloni

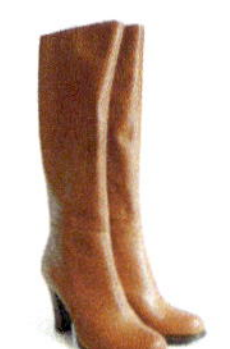
stivali

cintura

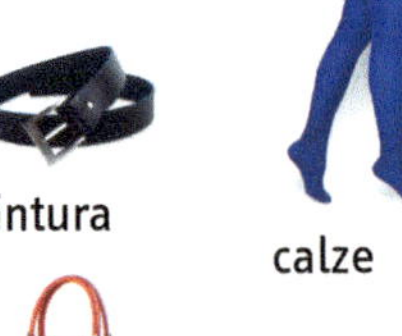

calze

sciarpa

borsa

calzini

cravatta

camicia

maglietta (t-shirt)

maglione

canottiera

scarpe

scarpe col tacco

cappello

* nei negozi generalmente ci si esprime solo in modo FORMALE

DARE UN'OPINIONE

chiedere un'opinione

Come mi sta / stanno?
Che ne pensi / dici (di...)?
Che te ne sembra / pare (di...)?
Come la trovi (questa borsa)?
Ti piace la gonna?
Ti piacciono i pantaloni?

rispondere

Preferisco quelli più larghi.
Mi piacciono di più quelli a righe.
Non è il tuo / mio stile.
(Non) ti dona / donano.
Ti sta corta di maniche.
Ti sta bene / benissimo / perfetto.
Mi sembra / sembrano un po' troppo vistoso/i.
Veramente, è un po' troppo caro.
Sinceramente, non ti sta bene.
È bella però avevo in mente qualcosa di più / meno...

FARE RICHIESTE IN UN NEGOZIO DI ABBIGLIAMENTO

1 | Sottolinea l'opzione corretta.

a. ■ Buonasera, vorrei provare quel paio di **gonne / stivali** in vetrina.
 ● Sì, prego.

b. ■ Di queste scarpe rosse avete il 43?
 ● Un attimo e controllo.
 ■ Posso **provare / provarle**?
 ● Certo, prego!

c. ■ Senta, vorrei provare **il maglione / la vetrina** a quadri.
 ● Subito.

d. ■ Posso vedere la maglietta in vetrina?
 ● Sì, che **numero / taglia** porta?

e. ■ Buongiorno, mi dica.
 ● Senta, quella cravatta verde in vetrina è in **completo / saldo?**
 ■ Certo signore, c'è il 40% di sconto.

QUALCOSA IN PIÙ

Generalmente a gennaio e a luglio iniziano i ***saldi****.*
I saldi sono gli sconti di fine stagione. Sulle vetrine dei negozi si legge **sconti fino al 70%** *(settanta per cento).*

2 | Inserisci le parole della lista sotto le immagini. Attenzione: ci sono due parole in più.

scarpe | sciarpa | maglietta | cappotto | giacca | camicia | maglione | stivali

1. ______________
2. ______________
3. 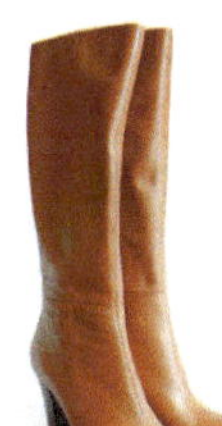 ______________
4.  ______________
5.  ______________
6.  ______________

3 | Guarda le immagini e rispondi alle domande.

Sofia

Carolina

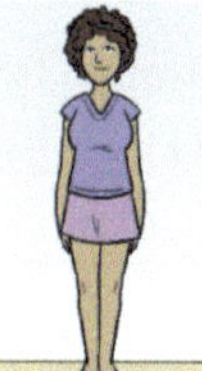
Emanuela

Laura

Emma

Antonella

Chi ha...

1. un vestito a fiori? ____________
2. un vestito a quadri? ____________
3. un vestito a righe? ____________
4. un vestito a tinta unita? ____________
5. un vestito a pois? ____________
6. la minigonna? ____________

QUALCOSA IN PIÙ

Questo *indica una cosa vicina.*

Quello *indica una cosa lontana.*

4 | In ogni dialogo mancano delle parole. Inseriscile, come nell'esempio.

a. ~~cercavo~~ | quella | cotone
- ■ Buongiorno, una giacca.
- ● Sì, abbiamo questa di, oppure c'è anche di lana.

b. vedere | di | quello | taglia
- ■ Senta, che porta?
- ● La media.
- ■ Mi dispiace signora, la media non c'è. Vuole un altro modello?
- ● Forse lì, a quadri.
- ■ Quello pelle?
- ● Sì, quello.

c. righe | questi | quelli |
- ■ Ecco, sono veramente belli, signore.
- ● Sì, però anche non sono male. Quelli a bianche e blu.
- ■ Ma sono da donna!

d. porta | saldo | quadri | vetrina | di
- ■ Sono lana questi calzini?
- ● Quali, scusi?
- ■ Questi qui in, a.
- ● Ah, sì, lana buonissima, sono anche in. Che numero?
- ■ Il 43-44.

RICORDA! Il dimostrativo *quello*

	SINGOLARE	PLURALE
MASCHILE	quel cappotto	quei cappotti
	quell'impermeabile	quegli impermeabili
	quello stivale	quegli stivali
FEMMINILE	quell'uniforme	quelle uniformi
	quella camicia	quelle camicie

RICHIEDERE E DARE UN'OPINIONE

1 | Sottolinea l'opzione corretta.

a. ■ Carlo, che ne **pensi / trovi** di questa gonna?
 ● Molto bella.

b. ■ **Come / Quanto** ti sembra questa maglietta?
 ● Non so... forse un po' **corta / misura**, no?

c. ■ Che ne **vedi / dici** di queste scarpe?
 ● Belle, ma preferisco gli stivali.

d. ■ Ti piacciono i miei nuovi **righe / pantaloni**?
 ● Ti stanno a **quadri / benissimo**.

e. ■ Come mi **sta / pensi**?
 ● Veramente mi sembra un po' **perfetto / stretto**.

2 | Completa gli schemi con le parole della lista, come nell'esempio.

~~i calzini~~ | ~~la gonna~~ | il cappello | i pantaloni | il giubbotto | la cravatta | la borsa | il maglione | i guanti | la camicia | le scarpe | la maglietta | la cintura | il vestito | gli stivali

Mi / Ti piace	
la gonna	

Mi / Ti piacciono	
i calzini	

3 | Completa le frasi con "piace" o "piacciono".

a. Ti ______________ questo maglione?
b. Ti ______________ queste camicie?
c. Quel completo mi ______________ molto.
d. Ti ______________ quella giacca?
e. Queste cinture non mi ______________.
f. Quelle gonne ti ______________?

QUALCOSA IN PIÙ
La parola **paio** *ha un plurale irregolare:*
un **paio** (maschile) → *due* **paia** (femminile)

4 | Come stanno questi capi di abbigliamento a queste persone? Completa le frasi con le parole della lista. Attenzione alla desinenza!

lungo | largo | corto | stretto

1. La maglietta gli sta troppo _____________.

3. La maglietta gli sta troppo _____________.

2. I pantaloni gli stanno troppo _____________.

4. I pantaloni gli stanno troppo _____________.

5 | Abbina ogni frase con la frase di significato equivalente.

1.	Ti dona molto.	a.	Pensavo a una cosa diversa.
2.	Non è il tuo genere.	b.	Non mi piace addosso a te.
3.	Non ti sta bene.	c.	Mi piace da morire.
4.	Aspetti un attimo.	d.	Ti sta benissimo.
5.	Avevo in mente altro.	e.	Tu hai uno stile diverso.
6.	Lo trovo fantastico.	f.	Un momento, per favore.

RICORDA! *Pronomi diretti e indiretti*

PRONOMI DIRETTI	PRONOMI INDIRETTI
mi	mi
ti	ti
lo	gli
la / La	le / Le
ci	ci
vi	vi
li	gli
le	
Paolo saluta **Laura**. Paolo **la** saluta.	Paolo telefona a **Laura**. Paolo **le** telefona.

6 | In questo dialogo tra un cliente e un commesso, quattro dei pronomi **evidenziati** non sono corretti: trovali e correggili.

Testo (trova l'errore)	Forma corretta
● Buongiorno, posso aiutar**mi**? ■ No, grazie, volevo solo dare un'occhiata. ● Certo, prego, **mi** chieda pure se **Le** servono informazioni! ■ Grazie. ... ■ Senta, adesso posso chieder**Le** una cosa? ● **Ti** dica. ■ Sto cercando un paio di pantaloni per un bambino piccolo. Volevo regalar**gli** il suo primo paio di jeans! ● Quanti anni ha? ■ Sta per farne quattro. ● **Ti** consiglio in ogni caso di prendere una taglia più grande. I bambini crescono in fretta! ■ Eh, sì, se prendo una misura troppo piccola, magari tra pochi mesi non **mi** stanno più! Avete qualcosa in offerta?	

RIPASSO

1 | Elimina gli intrusi, come nell'esempio.

a. Lo trovo perfetto.
Che cosa? ~~cintura~~ | vestito | ~~gonna~~

b. Ti donano moltissimo.
Che cosa? pantaloni | cappotto | maglione

c. Mi sembrano bellissime.
Che cosa? scarpe | stivali | calzini

d. Mi stanno un po' larghi.
Che cosa? camicia | scarpe | stivali

e. Questa di pelle ti sta veramente bene.
Che cosa? cappello | stivali | giacca

2 | Ordina le parole e forma delle frasi, come nell'esempio.

a. mi | sta | come
Come mi sta?

b. vistose | un | mi | po' | troppo | sembrano
____

c. stile | proprio | il | sono | tuo
____

d. trovo | po' | cari | li | un
____

e. donano | non | molto | ti
____

3 | Abbina le domande di destra con le risposte di sinistra.

1. Avete pantaloni come questi, ma neri?
2. Cercavo un maglione rosso. Porto la large.
3. Mi può dare una taglia più piccola?
4. Avete la 46 di questo cappotto?
5. Secondo Lei come mi sta?
6. Posso vedere quegli stivali in saldo?

a. Sì, che numero porta?
b. Guardi, io lo trovo perfetto!
c. Un momento, devo andare a controllare, ma credo di sì.
d. Mi dispiace, la Sua taglia è esaurita.
e. Mi dispiace, li abbiamo solo grigi o blu.
f. Certo, Le porto la small?

4 | Completa il cruciverba.

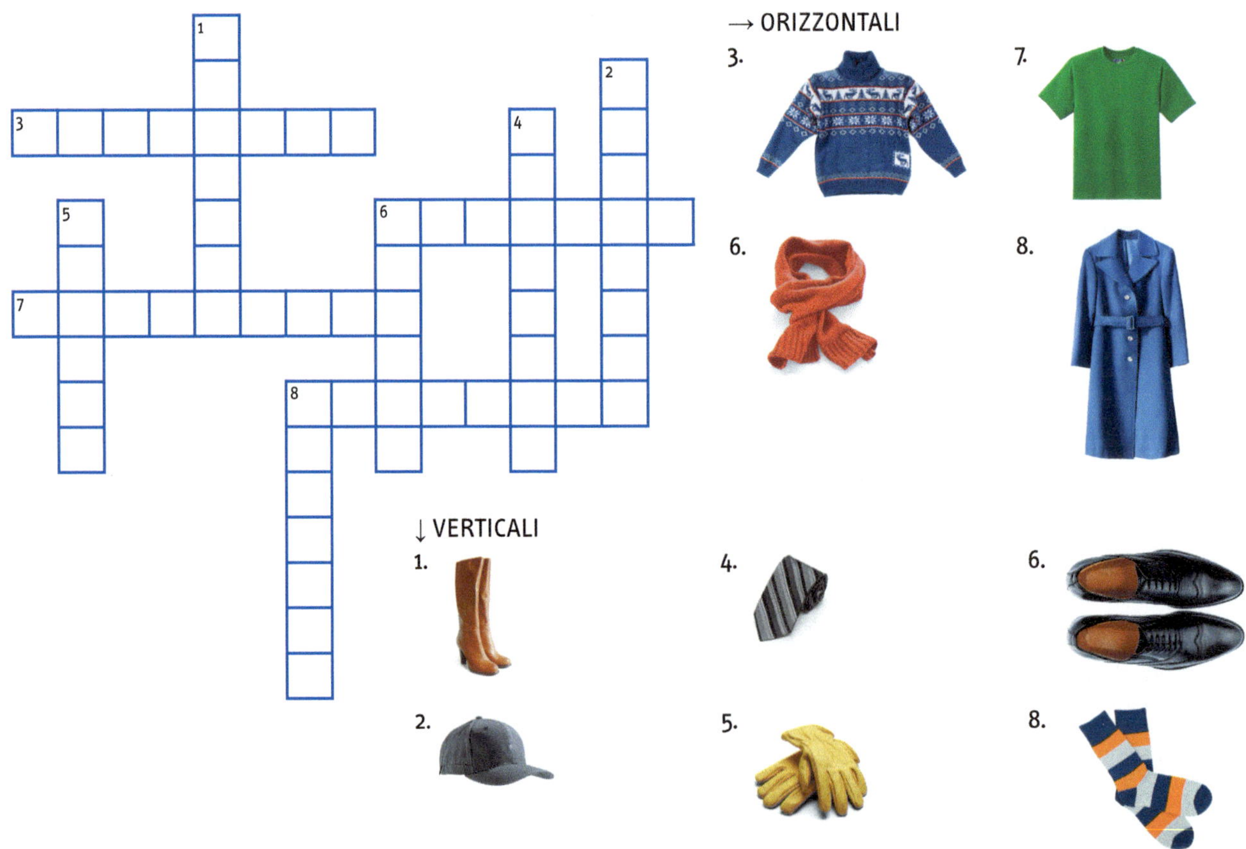

1 | Prima di guardare il video, scegli l'opzione corretta per completare gli spazi bianchi nelle immagini. Poi guarda il video e controlla la soluzione.

a.

sta / dici

b.

ti / lo

c.

dà / dona

d.

soldi / sconti

2 | Guarda il video e scegli l'opzione corretta.

1. L'espressione *ti sta a pennello* significa che:
   a. il vestito non ti sta bene.
   b. il vestito è perfetto per te.
   c. il vestito è a righe.
2. La parola *taglia* va bene:
   a. solo per i vestiti da uomo.
   b. per vestiti ma non per le scarpe.
   c. per i vestiti e per le scarpe.
3. La parola *conveniente* significa:
   a. poco costoso.
   b. molto costoso.
   c. molto elegante.
4. *Fare il cambio di stagione* significa:
   a. sostituire i vestiti estivi e invernali negli armadi.
   b. fare le valigie per andare in vacanza.
   c. buttare tutti i vecchi vestiti che non ti stanno più bene.

3 | Completa le trascrizioni con le parole della lista.

sto | primo | conveniente | cento | momenti | sconti | saldi | piace | taglia | stai | ti | mi | famiglie

a. "Come ________________ sta?", "Come ________________?" Mia moglie lo chiede sempre e io rispondo: "________________ sta benissimo!", "________________ benissimo!". Ma non funziona, perché poi lei dice: "A te ________________ tutto!".

b. Quando si parla di vestiti, bisogna parlare di due ________________ molto importanti nella vita delle ________________ italiane. Il ________________ è il periodo dei ________________, quando i negozi fanno ________________ fino al settanta, ottanta per ________________ ed è una corsa quasi selvaggia per cercare la ________________ giusta al prezzo più ________________.

LE METAFORE CON GLI ANIMALI

In italiano si possono descrivere molte caratteristiche psicologiche umane attraverso gli animali.

essere...

una capra = stupido
una iena = cattivo
una lumaca = lentissimo
un orso = poco socievole, asociale
un toro = forte
un verme = orribile
una volpe = furbo
un'aquila = intelligente o con vista acuta

fare...

la civetta = cercare di piacere gli uomini
il galletto = cercare di sedurre le donne
lo struzzo = non voler affrontare un problema
il pavone = vantarsi

animali selvatici

orso, volpe, iena, civetta, struzzo, talpa

animali domestici / della fattoria

gatto, cane, toro, gallo / galletto, capra, cavallo, oca, gallina

animali selvatici

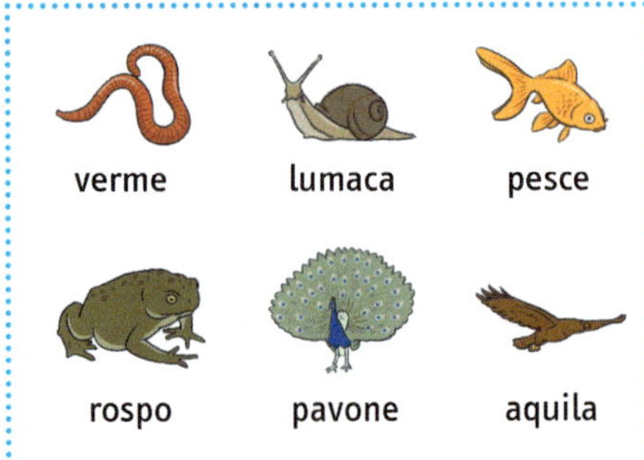

verme, lumaca, pesce, rospo, pavone, aquila

I MODI DI DIRE CON GLI ANIMALI

espressioni

essere cieco come una talpa
essere forte come un cavallo
essere muto come un pesce
essere sano come un pesce
essere solo come un cane

- essere la pecora nera = essere considerato il peggiore in un gruppo di persone
- essere quattro gatti = poche persone
- avere la pelle d'oca = avere paura
- avere una febbre da cavallo = avere la febbre altissima
- fare una vita da cani = fare una vita dura
- sentirsi un pesce fuor d'acqua = sentirsi estraneo al contesto, emarginato
- gatta ci cova = c'è qualcosa di strano, di misterioso
- andare a letto con le galline = andare a dormire presto
- sputare il rospo = confessare
- tagliare la testa al toro = trovare una soluzione immediata
- prendere qualcuno a pesci in faccia / trattare come un cane = trattare malissimo
- non sentire volare una mosca = un silenzio profondo
- cani e porci = persone di ogni tipo

proverbi

Chi dorme non piglia pesci.
= Chi è pigro non ottiene niente.

Can che abbaia non morde.
= In generale chi si arrabbia sempre è inoffensivo.

Meglio un uovo oggi che una gallina domani.
= È meglio accontentarsi di ciò che si ha invece di rischiare per ottenere di più.

LE METAFORE CON GLI ANIMALI

1 | Completa le descrizioni con le parole della lista, come nell'esempio.

volpe | ~~pavone~~ | orso | iena | struzzo | lumaca

1
a. Animale: ___pavone___
b. Caratteristiche: ha una bellissima ed enorme coda colorata, che apre come un ventaglio per attirare l'attenzione delle femmine.
c. Modo di dire: non fare il ___pavone___!
= non essere vanitoso!

2
a. Animale: ________________
b. Caratteristiche: esce soprattutto dopo la pioggia, ha una piccola "casa" sulla schiena e si muove molto lentamente .
c Modo di dire: sei proprio una ________________!
= sei così lento!

3
a. Animale: ________________
b. Caratteristiche: vive nei boschi o al Polo Nord e ha un carattere molto solitario.
c. Modo di dire: è un ________________
= non ha mai voglia di vedere nessuno.

4
a. Animale: ________________
b. Caratteristiche: quando si sente minacciato da un predatore, questo grande uccello si abbassa e poggia testa e collo per terra.
c. Modo di dire: non fare lo ________________!
= non essere vile!

5
a. Animale: ________________
b. Caratteristiche: con grande intelligenza e furbizia ruba le galline all'uomo.
c. Modo di dire: è una ________________
= è molto intelligente e furbo.

6
a. Animale: ________________
b. Caratteristiche: sembra un animale sadico perché quando caccia le prede fa un verso che somiglia a una risata.
c. Modo di dire: sei una ________________ !
= sei una persona crudele!

2 | Abbina ogni aggettivo con il suo contrario.

1. stupido	a. ingenuo
2. veloce	b. debole
3. asociale	c. sano
4. forte	d. intelligente
5. furbo	e. socievole
6. malato	f. lento

3 | Tra gli animali della lista, ce ne sono due attribuiti a caratteristiche opposte: quali sono?

lumaca | orso | toro | volpe | civetta | capra

________________ <=> ________________

4 | Pensa alle caratteristiche degli animali nelle foto e abbina le espressioni simili, come nell'esempio.

1. essere una vipera

2. essere un asino

3. essere una tartaruga

4. essere un coniglio

5. fare la gatta morta

a. essere una lumaca
b. essere una civetta
c. fare lo struzzo
d. essere una capra
e. essere una iena

5 | Completa i dialoghi con le parole della lista.

verme | orso | iena | capra | galletto

a. • Hai invitato Saverio alla festa?
 ■ Sì, ma mi ha detto che non viene. Non gli va mai di uscire, è un vero _____________!

b. • Non mi piace per niente come si comporta Giorgio con le donne.
 ■ Neanche a me, fa mille complimenti inopportuni, si vanta delle sue conquiste: che _____________!

c. • Non mi fido per niente di Natalia.
 ■ Perché?
 • Perché parla male alle spalle delle persone, è una vera _____________!

d. • Devo parlare con il maestro di mio figlio.
 ■ Perché?
 • Perché gli ha detto che in classe non capisce niente e che è una _____________.
 ■ Che maleducato!

e. • Hai passato il colloquio di lavoro?
 ■ Sì, ma così ho rubato il posto a Sofia, ora mi sento un _____________.

QUALCOSA IN PIÙ

Che verso fanno gli animali "in italiano"? Ecco alcune onomatopee.

gatto: **miao!** *cane:* **bau!**
gallo: **chicchirichì!** *gallina:* **coccodè!**
mucca: **muu!** *asino:* **ih oh!**

I MODI DI DIRE CON GLI ANIMALI

1 | Completa le espressioni con gli animali della lista.

un pesce | un cavallo | un pesce | un cane | una talpa

1. cieco come _______________
2. forte come _______________
3. sano come _______________
4. solo come _______________
5. muto come _______________

2 | Scegli il significato dell'espressione sottolineata, come nell'esempio.

1. • Questo film è davvero spaventoso!
 ■ Sì, ho la pelle d'oca, possiamo cambiare canale?
 a. è davvero brutto ☐
 b. mi fa molta paura ☑

2. Giacomo si alza alle 5 di mattina, accompagna i figli a scuola, lavora fino alle 19:30 e torna a casa distrutto. Fa veramente una vita da cani.
 a. molta attenzione ai figli ☐
 b. una vita faticosa ☐

3. • Come ti trovi nel nuovo ufficio?
 ■ Mah, non conosco nessuno e nessuno mi parla, mi sento un pesce fuor d'acqua.
 a. completamente isolato ☐
 b. molto arrabbiato con tutti ☐

4. • Allora, con chi si è fidanzato Ivan?
 ■ Mi dispiace, è un'informazione top secret!
 • Dai, sputa il rospo!
 a. confessa ☐
 b. convinci Ivan a darmi l'informazione ☐

5. • Mi aiuti? Non so se prendere i pantaloni grigi o quelli neri.
 ■ Ma quanto costano?
 • Pochissimo, sono scontati all'80%.
 ■ Allora taglia la testa al toro e prendili tutti e due.
 a. provali subito ☐
 b. risolvi rapidamente la questione ☐

6. • Hai litigato con Carmen?
 ■ Sì.
 • Come mai?
 ■ È molto aggressiva e mi prende sempre a pesci in faccia.
 a. si comporta malissimo con me ☐
 b. non mi dice mai la verità ☐

QUALCOSA IN PIÙ

Anticamente non era possibile vedere i pesci sott'acqua, quindi era difficile vedere un pesce malato o moribondo, per questo è nata l'espressione **sano come un pesce**.

3 | Abbina le espressioni evidenziate al significato corrispondente.

1. La festa è stata noiosissima, non è venuto quasi nessuno, eravamo **quattro gatti**.
2. Nella metropolitana in Italia la gente è molto rumorosa, all'estero invece nei mezzi **non si sente volare una mosca**!
3. La mattina mi alzo prestissimo, quindi la sera vado a letto **con le galline**.
4. Renato è **la pecora nera** della famiglia: i suoi suonano benissimo, la sorella canta, il fratello è campione di sport... e lui non sa fare niente!
5. Vedo spesso Lisa e Valerio insieme... Secondo me **gatta ci cova**!
6. Ma non doveva essere una festa esclusiva? Hanno lasciato entrare tutti, ci sono **cani e porci**!

a. prestissimo
b. l'elemento negativo
c. in pochissimi
d. sta succedendo qualcosa di strano
e. tantissime persone, chiunque
f. c'è un silenzio totale

4 | Ricostruisci i proverbi.

1. Chi è pigro non ottiene niente.
   = pesci chi piglia non dorme
   ____
2. È meglio accontentarsi di quello che si ha.
   = oggi domani un gallina uovo una che meglio
   ____
3. Chi grida in continuazione è spesso inoffensivo.
   = non abbaia can morde che
   ____

5 | Completa le espressioni con i verbi della lista.

avere | sputare | sentirsi | prendere | fare | avere | tagliare

1. _______________ la pelle d'oca
2. _______________ la testa al toro
3. _______________ il rospo
4. _______________ una vita da cani
5. _______________ un pesce fuor d'acqua
6. _______________ a pesci in faccia
7. _______________ una febbre da cavallo

QUALCOSA IN PIÙ

I piccoli degli animali non si chiamano bambini, ma **cuccioli**. *Per chiamare i cuccioli possiamo usare un suffisso:*
gatto → **gattino**
cane → **cagnolino**
orso → **orsetto**
Ma a volte il cucciolo ha un nome completamente diverso:
gallo / gallina → **pulcino**
pecora → **agnello**
mucca / toro → **vitello**

QUALCOSA IN PIÙ

Prima di questa lezione hai già visto un'espressione con un animale: **In bocca al lupo!** *Ricordi quando si usa?*

RIPASSO

1 | Abbina ogni aggettivo con l'animale che rappresenta il suo contrario.

1. buono
2. socievole
3. debole
4. stupido
5. modesto

a.

b.

c.

d.

e.

2 | Completa i dialoghi con le espressioni della lista.

volare una mosca | un pesce | la pecora nera | la testa al toro | quattro gatti | cani e porci

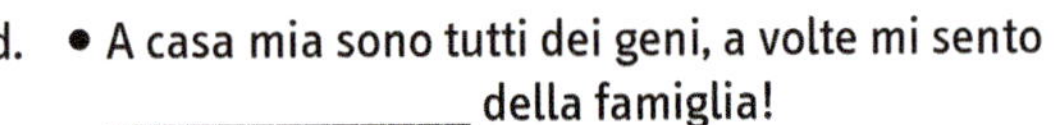

a. • Com'è andata la festa di capodanno?
 ▪ È stata abbastanza triste, eravamo ______________ e non c'era niente da bere.

b. • Allora, hai deciso se accettare l'invito di Mariella al mare, o di Federico in montagna?
 ▪ Guarda, ho tagliato ______________ e per non offendere nessuno sono rimasto a casa!

c. • Ma la tua promozione non doveva essere un segreto?
 ▪ Sì, ma Pietro ne ha parlato a ______________, quindi ora lo sanno tutti!

d. • A casa mia sono tutti dei geni, a volte mi sento ______________ della famiglia!
 ▪ Ma che dici? Tu sei un musicista straordinario! Sono tutti fieri di te!

e. • Ragazzi, per il test avete esattamente 30 minuti. Potete cominciare e ricordate che non voglio sentire ______________!

f. • Se ti dico un segreto, mi giuri che non ne parlerai a nessuno?
 ▪ Tranquillo, sarò muto come ______________.

3 | Completa con le preposizioni appropriate.

a. avere la pelle ____ oca.
b. avere una febbre ____ cavallo.
c. fare una vita ____ cani.
d. sentirsi un pesce fuor ____ acqua.
e. prendere qualcuno ____ pesci in faccia.

4 | Completa il cruciverba.

→ ORIZZONTALI

3. Sbrigati, sei sempre lento come una ______________!
6. Ma come, anche in vacanza vai a letto con le ______________!?
8. Fabio ogni volta che c'è un problema fa lo ______________.
9. Dai, a me puoi dirlo: sputa il ______________!
10. Lo sai che senza occhiali sono cieca come una ______________!

↓ VERTICALI

1. Lo so che tutti mi considerano la ______________ nera della famiglia solo perché non ho finito l'università.
2. Ogni volta che vede una ragazza, Lorenzo si mette a fare il ______________.
4. Non ti preoccupare, non lo dico a nessuno: sarò muto come un ______________!
5. Non posso dire che Silvana è stupida, però non è certo un'______________...
7. Quando c'è il test non voglio sentire volare una ______________!

1 | Prima di guardare il video, scegli l'opzione corretta per completare gli spazi bianchi nelle immagini. Poi guarda il video e controlla la soluzione.

a.

orso / cavallo

b.

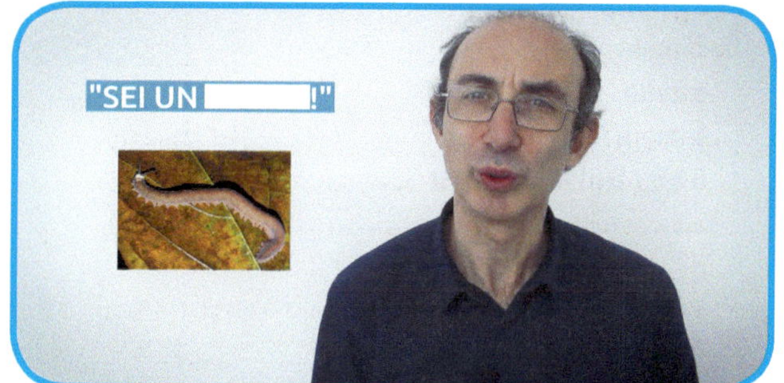

verme / pesce

2 | A quale animale corrispondono queste espressioni?

1. 

2. 

3. 

4. 

3 | Vero o falso?

		VERO	FALSO
a.	L'espressione *essere un orso* significa essere socievoli.	☐	☐
b.	L'uomo che ama essere al centro dall'attenzione *fa il galletto.*	☐	☐
c.	*Fare la civetta* significa amare uscire la sera fino a tardi.	☐	☐
d.	La capra e l'asino sono considerati animali stupidi.	☐	☐
e.	*Mi sento un toro* significa che sono molto arrabbiato.	☐	☐
f.	Si dice sano *come un cane.*	☐	☐
g.	*Sei un verme* significa che sei una persona orribile.	☐	☐
h.	*Alla festa c'erano quattro gatti* significa che non c'era quasi nessuno.	☐	☐

4 | Guarda il video e scegli l'opzione corretta.

1. *Sei proprio una capra* significa:
a. Sei molto intelligente.
b. Sei molto brutto.
c. Sei molto stupido.

2. L'espressione *fare il galletto* si può usare:
a. per gli uomini.
b. per le donne.
c. per gli uomini e le donne.

3. Il cavallo si usa come sinonimo di:
a. forza.
b. morte.
c. simpatia.

4. *Sei un asino* ha un significato simile a:
a. Sei un orso.
b. Sei una capra.
c. Sei una civetta.

INFORMARSI SUI SERVIZI

sistemazioni turistiche

albergo / hotel
agriturismo
campeggio / camping
ostello
camera in affitto
B&B / bed & breakfast

servizi

piscina

sauna

visite guidate

tv

parcheggio / garage

animali ammessi

ristorante

bar

connessione internet / wifi

altro

mezza pensione = pernottamento + colazione + cena
pensione completa = pernottamento + colazione + pranzo + cena

chiedere informazioni sui servizi

?

Mi scusi, una domanda:
Senta, (vorrei) un'informazione:
Ancora una cosa:
(Poi) volevo sapere:
E l'ultima cosa:

la colazione è compresa nel prezzo / inclusa?
c'è il parcheggio?
c'è una piscina nell'albergo?
organizzate visite guidate?
le camere sono silenziose?
c'è internet / il wifi?
posso avere la password per il wifi?

PROTESTARE

descrivere un problema

Senta, volevo dirLe che
Guardi, ho un problema,
Senta,

la connessione internet non funziona.
la doccia è rotta.
non c'è l'acqua calda.

fare una richiesta

Vorrei cambiare camera.
Quando intendete risolvere il problema?
È essenziale riparare la doccia in fretta / velocemente / il prima possibile.
Potreste mandare qualcuno per ripararla, per favore?
Dovreste chiamare un tecnico.

se il problema non si risolve

Vorrei parlare con il direttore.
Voglio cambiare camera.
Se è così, vorrei andare via oggi.
A questo punto annullo la prenotazione per i giorni successivi.
Posso almeno avere uno sconto sulla tariffa?

INFORMARSI SUI SERVIZI

1 | Completa le descrizioni con le parole della lista.

campeggio | ostello | agriturismo | albergo

a. Un __________ è un posto in campagna, in mezzo al verde, dove si può dormire e si possono mangiare prodotti locali.

b. Un __________ è una sistemazione molto economica e amata dai giovani dove si dorme spesso in camera con diverse altre persone e i bagni sono in comune.

c. Un __________ è un tipo di alloggio con tante stanze, alcune singole, alcune doppie, alcune matrimoniali. Può essere lussuoso e caro, o semplice ed economico.

d. In un __________ si può dormire in tenda, o in roulotte o in bungalow.

QUALCOSA IN PIÙ

Anche in Italia la categoria degli alberghi si esprime in stelle ★: si dice **albergo a tre stelle**, *per esempio. Per le sistemazioni molto economiche di categoria bassa si usa spesso la parola* **pensione** *invece di albergo.*

2 | Abbina ogni descrizione con la fotografia corrispondente.

1. Ostello Scout Center

2. Flaminio Village Camping

3. Agriturismo La mucca ballerina

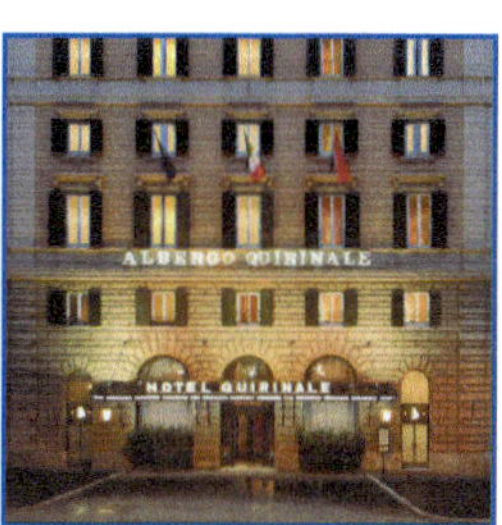

4. Albergo Quirinale

☐ a. In un palazzo storico del 1850, a 10 minuti dal Teatro dell'Opera e dalla fermata della metropolitana "Repubblica" (linea A). Camere spaziose ed eleganti con parquet, arredate in stile classico e dotate di wifi e televisione a schermo piatto.
Colazione continentale inclusa. Ristorante interno con roof garden. Spa con sauna e hammam.
Sistemazione ideale per chi è interessato all'arte, all'architettura e all'archeologia.

Favoloso 8,0
Posizione 7,0
2.000 recensioni
Visualizza tariffe

☐ b. Antico convento vicino alla fermata della metropolitana "Bologna" (linea B) e alla stazione Tiburtina (collegamento diretto con l'aeroporto di Fiumicino). Quartiere ideale per chi vuole visitare monumenti e musei. Camere da 12 persone con bagni e cucina in comune. Wifi gratuito. Riduzioni per gruppi di minimo 4 studenti.

Favoloso 8,5
Posizione 9,0
1.500 recensioni
Visualizza tariffe

☐ c. Siamo vicini a diversi collegamenti urbani: in pochi minuti sarete nel centro storico della città. Offriamo inoltre un servizio taxi da e per l'aeroporto di Fiumicino. Il nostro personale parla inglese, spagnolo, tedesco e francese. Il bar serve la colazione dalle 7 alle 10, ma è aperto fino alle 24 (solo in estate). Sono ammessi gli animali di piccola taglia (gatti e cani piccoli).
Allaccio elettrico per tende e caravan gratuito. Connessione Internet gratis.
Accesso in auto consentito fino alle 23 (dopo tale ora si può lasciare la macchina nel parcheggio di fronte all'ingresso).

Favoloso 8,2
Posizione 7,0
1.200 recensioni
Visualizza tariffe

☐ d. Siamo la famiglia Zappaterra e gestiamo questo posto meraviglioso dal 2012. Ci troviamo nei pressi di Roma, nello splendido parco di Veio. Alleviamo mucche, cavalli, pecore, e coltiviamo frutta e ortaggi con cui prepariamo prodotti tipici che vendiamo o deliziosi piatti tradizionali che serviamo ai nostri ospiti.
Servizi: ampio parcheggio, piscina, mini parco divertimenti per bambini, visite a cavallo al parco di Veio.
Camere matrimoniali con possibilità di aggiungere uno o due letti singoli. Riduzioni per over 65. Mezza pensione o pensione completa.

Favoloso 8,1
Posizione 8,0
1.000 recensioni
Visualizza tariffe

3 | Alla reception di un albergo. Completa le frasi con le parole della lista.

senta | volevo | altra | parcheggio | domanda | visite

a. _______________ sapere se in stanza c'è la tv.

b. _______________, volevo farle una _______________.

c. Volevo sapere una cosa, c'è un _______________ coperto per la moto?

d. Un'_______________ informazione: organizzate _______________ guidate?

> **QUALCOSA IN PIÙ**
>
> *Nella lingua parlata si può introdurre una domanda anche così:*
>
> Una cosa... C'è il wifi?

4 | Leggi i commenti su AirBnB sulla camera in affitto a casa di Donatella (nelle foto), poi indica se le frasi sotto sono vere o false.

Patrizia
Sistemazione perfetta: camera grande, letto matrimoniale comodo. Bagno pulito. Si arriva dalla stazione centrale in 10 minuti.

Maia
Abbiamo passato tre giorni perfetti. La casa è molto carina, la cucina molto pulita e spaziosa, pratica per mangiare in tre. Arrivare in centro è semplicissimo, la fermata dell'autobus è a 50 metri. Donatella ci ha mostrato tutti i suoi ristoranti preferiti nel quartiere.

Mario
Casa di Donatella si trova in un quartiere molto interessante, con tanti negozi e ristoranti. L'unico problema è che proprio per questo motivo la camera è molto rumorosa: da evitare se avete bisogno di silenzio per dormire.

Andrea
Il quartiere mi è piaciuto moltissimo, purtroppo però ad agosto faceva caldissimo e in casa non c'è l'aria condizionata. Meglio andare da Donatella in inverno!

		VERO	FALSO
a.	In estate da Donatella si muore di caldo.	☐	☐
b.	Intorno a casa di Donatella ci sono molti ristoranti, ma lei non li conosce.	☐	☐
c.	Nella camera c'è un letto singolo.	☐	☐
d.	Dalla camera si sente troppo rumore.	☐	☐
e.	La casa di Donatella è a pochi minuti dalla stazione centrale.	☐	☐
f.	La cucina è grande.	☐	☐

PROTESTARE

1 | Scegli l'opzione corretta.

a. • Reception, buongiorno.
■ Buongiorno, **senta / senti**, non c'è l'acqua calda: potrebbe **mandare / manda** qualcuno per favore?
• Sì, certo, provvedo subito.

b. • Buongiorno, dott. Mannelli, mi aveva chiamato?
■ Sì, direttore, purtroppo non sono per niente **insoddisfatto / soddisfatto** della sistemazione.
• Perché, qual è il problema?
■ **Internet / Il riscaldamento** è molto lento, non sono riuscito a connettermi per tutta la mattina.

c. • Buongiorno, sig. Lacci, mi dica.
■ Buongiorno, ho già chiamato venti minuti fa per il problema della finestra: quando intendete **romperlo / risolverlo**?

d. • Guardi, non è possibile! È la terza volta che vi dico di **questo / altro** problema, domani mattina lascio la camera; a questo punto richiedo uno **sconto / annullo** sul prezzo della camera.

e. • Senta, è da stamattina che non riesco a connettermi, vi chiedo di intervenire **in fretta / lentamente** in qualche modo, è molto importante.
■ Lei ha ragione, ma abbiamo già chiamato un tecnico.

> **QUALCOSA IN PIÙ**
> *Per protestare possiamo usare diverse espressioni:*
> È uno scandalo!
> Incredibile!
> Cose da matti!
> Ma stiamo scherzando?
> Non è possibile!

> **QUALCOSA IN PIÙ**
> *Quando parliamo con il portiere / receptionist di un albergo, possiamo usare il Lei formale o il voi.*
> Potrebbe mandare un tecnico?
> **Potrebbe**: *condizionale presente, forma di cortesia con* **Lei**; *la frase si rivolge alla persona che riceve la richiesta.*
> Potreste mandare un tecnico?
> **Potreste**: *condizionale presente, seconda persona plurale (***voi***); la frase si rivolge a tutte le persone che lavorano nell'albergo.*

2 | Abbina le parti a sinistra con quelle a destra, come nell'esempio.

1.	Il telefono non funziona, quando intendete	a.	molta fretta.
2.	Non riesco a	b.	aspetto.
3.	È da due ore che	c.	risolvere il problema?
4.	Ho	d.	qualcuno?
5.	È importante intervenire	e.	fare la doccia.
6.	Purtroppo non	f.	riparare la doccia.
7.	Potete mandare	g.	sono soddisfatto.
8.	È necessario → f.	h.	il prima possibile.

3 | Inserisci le parole della lista nella posizione appropriata. In ogni dialogo devi inserire una parola.

non | va | mando | qualcuno | sono

a. • Portineria, buonasera.
■ Buonasera, senta, la finestra non si chiude, potrebbe mandare per favore?
• Sì, signora.

b. • Buongiorno signore, mi dica.
■ Buongiorno, internet non, potrebbe mandare su un tecnico, per cortesia?
• Arriva subito, non si preoccupi.

c. • Buongiorno dottore, ha visto la camera, Le piace?
■ La camera va bene, purtroppo però non soddisfatto del servizio.
• Che cosa è successo?
■ Ho chiesto la colazione in camera ieri e non è arrivato nessuno.

d. • Concierge, buonasera.
■ Buonasera. Senta, ho già chiamato due volte il Suo collega. In camera funziona la luce. Che cosa intendete fare?

e. • Buonasera, chiamo dalla camera 345. Ho un problema: non riesco a chiudere l'acqua della doccia, ho bisogno di aiuto.
■ Certo, signora, subito qualcuno.

4 | Abbina ogni aggettivo a sinistra con il suo contrario a destra.

1. silenzioso	a. sporco
2. spazioso	b. inaccessibile
3. caro	c. scomodo
4. pulito	d. economico
5. comodo	e. piccolo
6. accessibile	f. rumoroso

RICORDA! *Gli avverbi in -mente*

AGGETTIVO	AVVERBIO
ver**o** stran**o** rapid**o**	ver**a**mente stran**a**mente rapid**a**mente
veloc**e** grand**e**	veloc**e**mente grand**e**mente
facil**e** difficil**e**	facil**mente** difficil**mente**
particolar**e**	particolar**mente**

5 | Completa la valutazione e la risposta su TripAdvisor con le parole della lista.

colazione | stelle | camera | problemi | soddisfatti | occupate | letto | arrivo | alberghi | rimborso | bagno | occupate | bagni

HOTEL DIAMANTE (Padova)
●●○○○

Duccio
Io e mia moglie abbiamo passato tre giorni in questo albergo a tre __________ nel centro di Padova. La città è deliziosa e il quartiere molto interessante (qui ci sono le principali attrazioni di Padova, come la Cappella degli Scrovegni), ma l'albergo ci ha deluso. Il __________ era durissimo, la __________ sporca e il __________ senza finestra. Ho provato a chiedere un'altra camera, ma erano tutte __________. A quel punto ho chiesto un __________, inutilmente. L'unica nota positiva: la __________, ottima e abbondante. Vi consiglio di dormire qui solo se non trovate posto in altri __________!

Paolina, Manager dell'Hotel Diamante, Padova
Gentile Duccio, grazie per la valutazione: per noi è di grande aiuto ricevere commenti da parte dei nostri clienti. In effetti tutte le nostre camere erano __________ perché siamo al completo durante quasi tutto l'anno: questa è la dimostrazione che i nostri clienti sono generalmente molto __________. I nostri standard di pulizia sono altissimi e le camere (compresi i __________) fedeli alle fotografie pubblicate sul nostro sito. Sempre sul nostro sito indichiamo chiaramente che non è possibile ottenere un rimborso dopo l'__________ (ma rimborsiamo senza __________ fino a tre giorni prima).
Cordialmente, Paolina Sulzer

6 | Forma l'avverbio dall'aggettivo.

	aggettivo	avverbio		aggettivo	avverbio
a.	speciale	______________	e.	economico	______________
b.	comodo	______________	f.	straordinario	______________
c.	rumoroso	______________	g.	felice	______________
d.	possibile	______________	h.	silenzioso	______________

7 | Abbina le frasi con le reazioni appropriate.

Cliente

1. Quando intendete risolvere il problema?
2. Bisogna chiamare un tecnico!
3. Vorrei parlare con il direttore!
4. Voglio cambiare camera.
5. Desidero annullare la prenotazione e andare via oggi!
6. Ci sono riduzioni particolari?

Receptionist

a. Va bene, ma purtroppo non possiamo rimborsarLa.
b. La direttrice sono io, mi dica.
c. Sì, se ha più di 65 anni.
d. Va bene. La 23 è libera. Ecco la chiave.
e. Sta per arrivare, sarà qui a momenti.
f. Il prima possibile, signora.

RIPASSO

1 | Sottolinea le reazioni non logiche o non corrette, come nell'esempio.

a. • Agriturismo "Il cinghiale", buongiorno.
 ▪ Buongiorno, senta, volevo qualche informazione.
 • Prego, mi dica. | Grazie. | Lo chiamo subito.

b. • Senta, il servizio massaggi è compreso nel prezzo?
 ▪ Certo, signora. | Certo, signora, mi dica. | Certo, signora, viene 7 euro l'ora.

c. • Reception, buongiorno.
 ▪ Prego, ho una domanda. | Ah, senta, ho ancora una domanda. | Senta, vorrei fare una domanda.

d. • Qual è il problema, signor Pini?
 ▪ Guardi, il riscaldamento non va. | Il riscaldamento non lavora. | Il riscaldamento non è possibile.
 • Ho capito, mando subito qualcuno.
 ▪ Sì, grazie ma velocemente perché fa caldissimo. | Sì, grazie, ma non immediatamente perché fa molto freddo. | Sì grazie, ma immediatamente perché fa un freddo cane.

2 | In albergo. Che cosa dici in queste situazioni? Abbina ogni situazione alla richiesta appropriata, come nell'esempio.

1. Nella tua camera fa molto freddo. ____
2. Internet non funziona. ____
3. La camera non è silenziosa. ____
4. In genere la mattina ti alzi e hai bisogno di mangiare subito. ____
5. Devi controllare le tue mail più volte al giorno. ____
6. Viaggi con un cane. ____
7. Viaggi sempre in macchina. ____
8. Adori nuotare tutti i giorni, anche in vacanza. ____
9. Ti interessa visitare la zona dove si trova l'albergo. ____
10. Vuoi andare un po' in giro per la città, ma né a piedi, né in auto, né con i mezzi pubblici. __a__

a. Volevo sapere: è possibile affittare delle biciclette durante la giornata?
b. La colazione è inclusa?
c. Salve, volevo sapere se c'è la piscina.
d. Gli animali sono ammessi?
e. La connessione va via continuamente, potrebbe fare qualcosa?
f. Per caso organizzate visite guidate?
g. C'è troppo rumore, vorrei cambiare camera.
h. Una domanda: c'è internet?
i. Senta, il riscaldamento non funziona.
l. C'è un parcheggio per gli ospiti?

3 | Abbina le parti a sinistra con quelle a destra.

1. risolvere	a. il televisore
2. telefonare	b. la reception
3. riparare	c. a internet
4. chiamare	d. a un tecnico
5. connettersi	e. una prenotazione
6. annullare	f. un problema

13 attività video

1 | Prima di guardare il video, scegli l'opzione corretta per completare gli spazi bianchi nelle immagini. Poi guarda il video e controlla la soluzione.

a.

conveniente / rotta

b.

cammina / funziona

c.

prezzi / asciugmani

2 | Vero o falso?

		VERO	FALSO
a.	Stare in un agriturismo significa alloggiare fuori città.	☐	☐
b.	L'agriturismo può essere lussuoso.	☐	☐
c.	Gran parte degli italiani parte per le vacanze in agosto.	☐	☐
d.	Prenotare *in anticipo* significa prenotare all'ultimo minuto.	☐	☐
e.	*Colazione compresa* significa che è nel prezzo della camera.	☐	☐

3 | Inserisci le parole della lista nella posizione corretta, come nell'esempio. Poi guarda il video e controlla la soluzione.

~~prenotare~~ | calda | vacanze | lingua | venire | anticipo | fredda | funziona | tariffe

a. E se viaggiamo ad agosto è bene con molto anticipo. Questo perché agosto è il mese in cui tutti gli italiani partono per le, e prenotare in significa trovare posto e anche trovare magari convenienti per il viaggio o per il soggiorno.

b. Pronto? Sì, eh... Chiamo dalla 302. Sì, senta, in bagno non c'è l'acqua, no c'è solo l'acqua. Anche: mancano gli asciugamani per la doccia, già, sì, e il televisore non, no c'è solo un canale ed è in una incomprensibile. Potete far un tecnico? Grazie, grazie.

Tutti i video di italiano in pratica *sono su* 'ALMA.tv

www.alma.tv

FARE UNA PROPOSTA PER USCIRE

proporre

Ti va / andrebbe di fare... ?
Che ne dici / diresti di... ?
Hai voglia di fare... ?

accettare

Volentieri.
Con piacere.
Certo.
Ottima idea!
Perché no?

rifiutare

In realtà / Onestamente no.
Veramente non mi va.
Non ne ho molta voglia.
L'idea non mi entusiasma / ispira.
Non posso, ho un impegno / da fare.

fare una controproposta

Perché non facciamo altro?
Ho un'altra idea...
Io preferirei...
Invece ci sarebbe una cosa più interessante.
Senti, perché invece non andiamo da un'altra parte?

chiedere informazioni

Questo film l'hai visto?
A Perugia ci sei mai andato / stato?
L'hai vista l'ultima mostra di Cattelan?

ATTENZIONE!
La particella locativa ***ci***
A Perugia **ci** sei andato?
ci = *a Perugia*

rispondere

Sì, l'ho visto qualche giorno fa.
Sì, ci sono stato una volta.
Sì, l'ho vista proprio ieri.

No, ancora no / non ancora.
No, purtroppo non ci sono mai stato.
No, perché? Ci vuoi andare?

ATTENZIONE!
Accordo pronome diretto / participio passato:
Questo film **l**'hai vist**o**? *maschile singolare (il film)*
L'hai vist**a** la mostra? *femminile singolare (la mostra)*

PRENDERE UN APPUNTAMENTO

Come ci organizziamo / rimaniamo?
A che ora ci vediamo / facciamo?
Allora ci vediamo alle...
Facciamo alle 18:00, va bene?
Alle 6:00 va bene per te?

annunciare ritardo

Sono in ritardo, scusa.
Faccio dieci minuti di ritardo, mi dispiace.
Tardo un po'!
Il treno ha / porta un quarto d'ora di ritardo.

reazioni

Ok, non c'è problema. ☺
Non fa niente, tranquillo. ☺
Uffa, sbrigati! ☹

FARE UNA PROPOSTA PER USCIRE

1 | Scegli l'opzione corretta.

a. • Senti, a giugno c'è il concerto di Springsteen, ti va **a / di** andarci?
■ Hm, non ne ho **molto / molta** voglia, Springsteen non mi entusiasma.

b. • John, a Roma **ci / ne** sei mai andato?
■ Non ancora, perché?
• Che ne **diresti / ti va** di andarci in primavera?
■ Forse.

c. • Hai mai visto la Pietà di Michelangelo?
■ Sì, l'ho **vista / visto** da bambina.
• E ti **andrebbe / voglia** di tornarci con me?
■ Perché **no / sì**? Buona idea!

d. • Mario, hai **va / voglia** di vedere un film stasera?
■ Sì, **volentieri / da fare**.

e. • Giovanna, ti **va / dici** una birra stasera?
■ No grazie, stasera ho **un impegno / voglia**.

2 | Inserisci nei dialoghi le parole della lista, come nell'esempio. In ogni dialogo devi inserire due parole. Attenzione: nella lista c'è una parola in più.

le | l' | mi | che | di | ci | po' | ~~ne~~

a. • Francesco, che dici di un cinema stasera?
■ Con piacere!

b. • Maria, hai mai visto gli Uffizi?
■ No, purtroppo. Devono essere bellissimi.
• Ti va andarci con me?
■ Certo che va. Quando?

c. • Dottor Moretti, ne direbbe di pranzare con noi?
■ Molto volentieri, ma arrivo con un di ritardo.
• Non c'è problema.

d. • Senti, noi andiamo a Napoli domani, tu ci sei già stato?
■ No, non ho mai vista. Ottima idea! Quando partite?
• Verso otto di mattina. Abbiamo un posto in macchina anche per te.

3 | Abbina le parti a sinistra con le parti a destra, come nell'esempio.

1.	Hai visto → d	a.	li hai portati allo zoo?
2.	L'hai vista	b.	l'hai visto?
3.	Il Colosseo	c.	le cartoline?
4.	Al Louvre	d.	il quadro di Raffaello?
5.	Li hai comprati	e.	ci sei mai andata?
6.	Le hai prese	f.	i biglietti per il cinema?
7.	I bambini	g.	l'ultima mostra su Fellini?

4 | Quale di questi verbi si può usare con tutte le espressioni sotto?

☐ invitare ☐ fare ☐ dire ☐ andare

due passi   una passeggiata   un giro   una gita   un viaggio

5 | Completa i dialoghi con le parole della lista.

perché | veramente | va | ispira | invece
un'altra | preferirei | voglia

a. • Ciao, Francesca, ti ________________ di venire al cinema stasera?
■ Stasera? Che fanno?
• L'ultimo film di Garrone.
■ Hm, non mi ________________ molto. Perché ________________ non andiamo a vedere un bel concerto?

b. • Roberto, ________________ non andiamo a cena fuori?
■ Guarda, stasera c'è un film che mi interessa in TV, ________________ restare a casa.

c. • Franca, hai ________________ di venire con me a Firenze nel weekend?
■ ________________ Firenze non mi attira per niente. Ho ________________ idea: andiamo a Pisa!

6 | In ogni battuta del dialogo c'è una parola in una posizione sbagliata: mettila nella posizione giusta, come nell'esempio.

Sottolinea l'errore	Correggi
• Marina, hai di voglia venire al concerto del primo maggio? ■ No, mi non va, non mi interessa. • Dai, è imperdibile un evento! ■ Senti, non voglia ne ho. Perché invece non andiamo al cinema? • Eh? Il primo maggio bisogna andare al concerto in Piazza San Giovanni! Divertiremo ci, fidati! ■ Uffa... L'idea non mi entusiasma. Fare volevo altro, ma ok.	*voglia di*

7 | Inserisci nella chat le frasi di Carlotta, la migliore amica di Lucio.

a. Uffa! Cambi opinione ogni giorno ☹
b. Che fai di bello?
c. Ma come? Eri un grande fan dei No Logo!
d. Ma ci sono andata tre volte la scorsa settimana, che noia!
e. Ci sei?
f. Altro? Cioè?
g. Uh, povero! Volevo proporti una cosa sabato sera.
h. Ok, comunque volevo proporti di andare a sentire i No Logo.

Sì, eccomi.

Niente, sono a letto con l'influenza ☹

Mah, non so se starò bene nel fine settimana.

Ah, ok... In realtà l'idea non mi entusiasma.

Sì, ma adesso non mi piacciono più.

Ma no, non li sento più da anni. Senti, magari se sto meglio facciamo altro.

Non lo so, possiamo andare al cinema per esempio.

Ne riparliamo venerdì, adesso sono sfinito. Baci.

PRENDERE UN APPUNTAMENTO

1 | Abbina le domande con la reazione appropriata.

1. A che ora facciamo?
2. Senti, ci vediamo direttamente al teatro?
3. Scusami, ritardo di una ventina di minuti.
4. Facciamo da me?
5. A mezzogiorno ti va bene?

a. No, dai, usciamo, è una bella giornata. non mi va di stare a casa!
b. Hm, preferirei dopo. Va bene all'una per te?
c. Ok, davanti alla biglietteria.
d. Direi alle 9:00, ok?
e. Ok, ma tra venti minuti vado via!

QUALCOSA IN PIÙ

Le espressioni **una ventina** *o* **una decina** *significano* **più o meno venti**, **più o meno dieci**.

2 | Questa è l'agenda di Marta. Guarda i suoi impegni e poi abbina le conversazioni telefoniche con l'impegno corrispondente, come nell'esempio.

LUNEDÌ	MARTEDÌ
1. 8:00 dentista 2. 19:30 cena da zia Rosella	3. 13:00 pranzo con Angelo 4. 19:00 yoga

MERCOLEDÌ	GIOVEDÌ
5. 8:00 veterinario per 🐱 6. 20:30 cinema con Carla	7. 13:30 banca

a. [7]
- ● Buongiorno, signora, Le volevo ricordare il nostro appuntamento di domani.
- ■ Certo, vengo durante la pausa pranzo.
- ● Ottimo, allora La aspettiamo.

b. ☐
- ● Hei, ti ricordi del nostro appuntamento?
- ■ Certo, alle 19:00 lì davanti.
- ● Eh... In realtà mi libero più tardi. Andiamo allo spettacolo successivo?
- ■ Certo, non c'è problema. Puntuale, eh!

c. ☐
- Ciao Marta, sono Renato. Volevo dirti che domani ci vediamo tutti mezz'ora più tardi.
- Ah, sì? Perché, hanno cambiato orario?
- Sì, hanno spostato la lezione di mezz'ora.
- Ottimo, per me è anche meglio.

d. ☐
- Tesoro, perché non passi da noi una sere di queste?
- Va bene, magari anche domani se va bene per voi.
- Va benissimo. Però non fare tardi, eh, che noi mangiamo presto.

e. ☐
- Ciao, tesoro.
- Ciao, amore. Allora riesci a liberarti durante la pausa pranzo domani?
- Direi di sì, però se succede qualcosa al lavoro all'ultimo minuti dobbiamo annullare.
- Speriamo di no! Allora ti aspetto sotto l'ufficio.

f. ☐
- Allora ci vediamo tra tre giorni, Marta.
- Perfetto. Quanto tempo ci vorrà?
- Mah, direi un'oretta.
- Ma sarà doloroso? Ho sempre così paura!
- Ma no, tranquilla. Alla prossima settimana.

g. ☐
- Avrebbe posto la mattina presto?
- Assolutamente sì. Facciamo alle 8?
- Perfetto, così poi posso riportarlo a casa e andare al lavoro senza problemi.

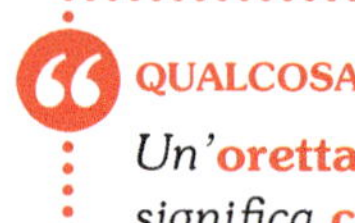

QUALCOSA IN PIÙ
Un' **oretta** *significa* **circa un'ora**.

3 | Leggi i profili e abbinali con la locandina corrispondente: quale evento va bene per queste persone?

☐ **Mattia**
Tra poche settimane è Natale e devo ancora comprare tutti i regali per amici e parenti!

☐ **Ilaria**
Adoro la musica, ma in questo periodo ho davvero pochi soldi.

☐ **Mirella**
Ho voglia di scoprire qualche artista italiana interessante.

☐ **Antonio**
"La dolce vita", "Roma città aperta"... Stupendi, i classici italiani, ma avrei voglia di vedere qualcosa di più recente.

a.

Letizia Battaglia
Palermo in bianco e nero

Fondazione Prada, Milano
ottobre - aprile
ingresso: 12 euro

b.

Lo chiamavano Jeeg Robot

Cinema Fiamma, Bari
18:00 - 20:00 - 22:00
ingresso ridotto il mercoledì

c.

Più libri, più liberi
Fiera della piccola e media editoria

Palazzo dei Congressi, Roma
5 - 8 dicembre
ingresso: 8 euro

d.

Ludovico Einaudi
Concerto gratuito

Mercoledì 12 dicembre alle 21:00.
Piazza del Duomo, Milano

Come puoi proporre queste attività a Mattia, Ilaria, Mirella e Antonio? Abbina le frasi alle persone corrispondenti.

1. Ho la mostra che fa per te! Senti che idea!
2. Non c'è problema, ti porto a vedere una cosa interessante che non costa niente!
3. Allora vieni con me domani, tra tutti quegli stand troverai di sicuro qualche idea!
4. Allora facciamo domani alle 20? Ti porto a vedere una cosa diversa, fra l'altro domani costa di meno.

Che cosa dici a: Mattia ☐ Ilaria ☐ Mirella ☐ Antonio ☐

RIPASSO

1 | Seleziona le reazioni non logiche, come nell'esempio.

a. • Come rimaniamo?
■ Facciamo stasera? ☐
■ Volentieri. ☑

b. • Ti va di venire con noi al cinema?
■ Uhm, non molto. ☐
■ Fidati, sarà interessante. ☐

c. • Ma dove sei?
■ Facciamo alle tre? ☐
■ Scusa, sono un po' in ritardo. ☐

d. • La mostra di Giotto l'hai vista?
■ Ci sono andato lo scorso weekend. ☐
■ Dai, sbrigati! ☐

e. • Ti va di fare due passi?
■ Perché non andiamo da un'altra parte? ☐
■ Veramente no. ☐

f. • Il treno è in ritardo.
■ Non c'è problema. ☐
■ Sbrigati! ☐

2 | Che cosa dici in queste situazioni? Scegli l'opzione corretta.

1. Per insistere con un amico che non vuole accettare la proposta:
a. Fidati di me, ti piacerà. ☐
b. Come ci organizziamo? ☐
c. Non mi va molto. ☐

2. Per proporre un programma alternativo:
a. Non mi va molto. ☐
b. Perché invece non facciamo altro? ☐
c. Scusa, sono un po' in ritardo. ☐

3. Per prendere un appuntamento:
a. A che ora c'è? ☐
b. A che ora non andiamo? ☐
c. A che ora facciamo? ☐

4. Per fare una proposta:
a. Ti andrebbe di...? ☐
b. Ti dici di...? ☐
c. Che ne andrebbe di...? ☐

5. Per accettare una proposta:
a. Ho un impegno. ☐
b. Perché no? ☐
c. Ho un'altra idea. ☐

3 | Inserisci le frasi nella colonna appropriata in base alla loro funzione.

1. Dai!
2. Facciamo verso le 3?
3. Fidati, ti divertirai!
4. Certo, a che ora?
5. Ottima idea!
6. Preferirei andare un altro giorno.
7. Non mi va per niente.
8. Perché invece non vieni tu qui?
9. Onestamente non ho voglia.
10. Che ne dici di un aperitivo in centro?

PROPORRE QUALCOSA	ACCETTARE	RIFIUTARE	INSISTERE	FARE UNA CONTROPROPOSTA

1 | Prima di guardare il video, scegli l'opzione corretta per completare gli spazi bianchi nelle immagini. Poi guarda il video e controlla la soluzione.

a.

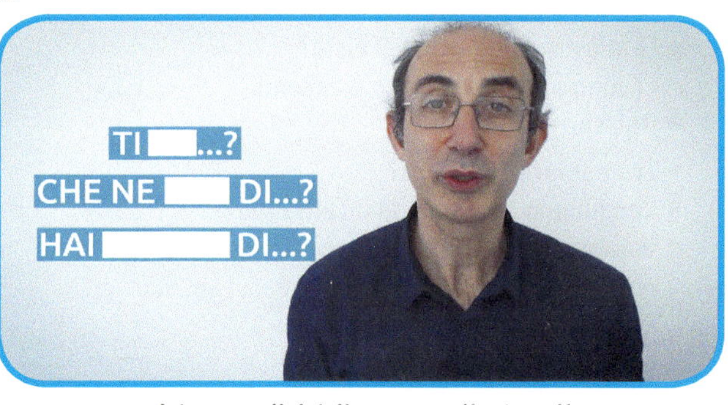

vai / va   dici / dire   voglio / voglia

b.

QUEL FILM, ___ HAI VISTO?
I BIGLIETTI, LI HAI ___?

lo / gli   comprato / comprati

2 | Vero o falso?

	VERO	FALSO
a. *Ti va di andare al cinema?* significa *vuoi andare al cinema?*	☐	☐
b. *Come rimaniamo?* è un'espressione tipica dell'italiano scritto.	☐	☐
c. *Facciamo alle sette* è una risposta appropriata a *come rimaniamo?*	☐	☐
d. *I biglietti li hai comprati?* si usa solo in contesti formali.	☐	☐
e. *No, guarda lo devi vedere* è una frase con valore negativo.	☐	☐

3 | Completa le trascrizioni con le parole di destra nell'ordine corretto, come nell'esempio. A volte sono possibili più soluzioni. Poi guarda il video e controlla.

1. L'espressione ______________________________ parlato che <u>*ovviamente non c'è*</u> nei libri di Ahmad e nei libri di italiano in generale ed è possibile conoscere solo a contatto con altri italiani. La frase significa: __________ ______________________? e per esempio la risposta possibile, sempre in un italiano molto colloquiale, è _____ ______________________________________?	• italiano *rimaniamo*? è una *come* frase dell' • c'è ovviamente non • che dove vediamo e a ora ci • c'è ovviamente non • sette alle bar davanti facciamo al
2. È anche possibile sentire nell'italiano colloquiale domande come *quel* _______________________________?, *i biglietti li hai comprati?* Naturalmente uno studente straniero conosce la domanda più lineare: *hai comprato i biglietti?*, ________________________________? Ma l'italiano ______________________________ ______________________, ma più vivace.	• visto lo hai film • hai quel film visto • meno i giorni lineare è tutti forse di

DARE E REAGIRE A UNA NOTIZIA

dare una notizia

INFORMALE

Hai sentito che... / Lo sai che...?
La sai l'ultima? / Sai la novità?
Hai saputo { quello che è successo a di... / che...
Lo sapevi che...
Volevo dirti una cosa...

FORMALE

Ha sentito che... / Lo sa che...
La sa l'ultima? / Sa la novità?
Ha saputo { quello che è successo a di... / che...
Lo sapeva che... ?
Volevo dirLe una cosa...

reagire in modo neutro

\+
Sì, l'ho sentito.
Sì, lo so / l'ho saputo.
Sì, me l'hanno detto.
Sì, ne ho sentito parlare.

–
No, non l'ho sentito.
Non ne so niente.
Ah, non lo sapevo.
Questa mi è nuova.

ATTENZIONE!
La particella ***ne*** *può riferirsi a una frase detta in precedenza.*
■ Hai sentito che Maria ha cambiato città?
● Ah, non **ne** sapevo niente. *(= che Maria ha cambiato città)*

esprimere...

delusione
Lo sapevo...
Sempre così.
Come al solito.
Sempre la stessa storia.
Ne ero sicuro.

sorpresa
No! / Ma dai!
Davvero? / Veramente? / Sul serio?
Ma sei / è sicuro?
Non ci credo. / Non è possibile.
Incredibile! / Pazzesco!

reagire a una notizia negativa

Che brutta notizia! / Accidenti!
Che sfortuna! / Che peccato!
Che disastro! / È un bel guaio!
Ci mancava solo questo / questa.
Non ho parole. / Mi dispiace tanto.

Chissà + *commento*
● Hai saputo che Paolo non ha superato l'esame del concorso?
■ Accidenti...! Chissà ora come sta male!

reagire a una notizia positiva

Che bella notizia! / Che bello! / Grande! / Grandioso!
Stupendo! / Fantastico! / Eccezionale! / Favoloso!
Mi fa molto piacere!
Che fortuna! / Che meraviglia!

Chissà + *commento*
● Lo sapevi che mia sorella ha avuto quel lavoro a Milano?
■ Che bello! Chissà come sarà contenta!

ATTENZIONE!
Quando ***sapere*** *è:*
*all'**imperfetto** significa conoscere una cosa da molto tempo:*
■ **Sapevi** che oggi è il suo compleanno?
*al **passato prossimo** significa ricevere una notizia da qualcuno:*
■ **Ho saputo** che Alessio si è laureato.

CHIEDERE E DARE INFORMAZIONI SULL'ORIGINE DELLA NOTIZIA

INFORMALE	FORMALE
E (tu) come lo sai?	E (Lei) come lo sa?
E (tu) come lo hai / l'hai saputo?	E (Lei) come lo ha / l'ha saputo?
Come fai a saperlo?	Come fa a saperlo?
Chi te lo ha / l'ha detto?	Chi glielo ha / gliel'ha detto?

dare informazioni sull'origine della notizia

L'ho letto su internet / Facebook.
L'ho visto in / L'ha detto la televisione.
L'hanno detto / L'ho sentito alla radio.
Me l'ha detto Mario.
Lo dicono / sanno tutti!
Si dice in giro.

DARE E REAGIRE A UNA NOTIZIA

1 | Completa le frasi con il passato prossimo o l'imperfetto del verbo "sapere".

1. Caterina è delusa perché _______________ che non ha passato l'esame.
2. Sebastiano è andato a vivere in Tailandia? Non lo (*io*) _______________!
3. (*Noi*) _______________ da Michela che Tiziana ha trovato lavoro. Che bello!
4. (*Tu*) _______________ che Luigi aveva due figli?
5. Quando (*tu*) _______________ della riunione di domani?

2 | Che tipo di reazione indicano le espressioni della lista? Inseriscile nello schema.

Davvero? | Che bello! | Che brutta notizia! | Non ho parole.
Grandioso! | Come al solito! | Ma dai! | Che peccato!

IRRITAZIONE	SORPRESA
ENTUSIASMO	**TRISTEZZA**

3 | Completa i dialoghi con gli elementi della lista.

lo | ne | ne | l' | ne

a. • Tra due anni costruiranno una nuova linea della metropolitana.
▪ Sì, ______ ho sentito parlare.

b. • Mi hanno detto che sei tu il responsabile di questo progetto.
▪ Eh? Ma io non _______ so niente!

c. • Ho smesso di fumare qualche mese fa.
▪ Ah, non ________ sapevo, brava!

d. • Daniele e Giulio hanno litigato.
▪ _______ ho sentito, ma io non ci credo.

e. • Oggi c'è una manifestazione, non si può passare per il centro in macchina.
▪ _______ sei sicuro? Io non ho sentito nulla.

4 | Sottolinea l'opzione corretta.

a. • Senti, **volevo / dovevo** chiederti una cortesia. Potresti sostituirmi domani al lavoro?
▪ Ma certo. Ma perché, che cosa è successo?
• Mia figlia è all'ospedale, si è rotta una gamba.
▪ Oh no! Che **guaio / fortuna**!
• Sì. Ora però sta abbastanza bene.

b. • Chiara, vieni qui.
▪ Che cosa è successo?
• La sai **l'interessante / l'ultima**?
▪ No, dimmi.
• Danilo Follini è diventato il nuovo capo ufficio.
▪ Follini? **Porca miseria / Che bella notizia**! Non lo sopporto...!

c. • Pronto, Carlo?
▪ Sì, pronto, Giovanni, guarda, arrivo con una ventina di minuti di ritardo.
• **Ne ero sicuro / Non l'ho saputo**, non sei mai puntuale.

d. • Fabio, **hai saputo di / lo sai che** Ettore?
▪ No.
• Purtroppo la moglie l'ha lasciato.
▪ Uh, come **mi dispiace / non mi piace**.

e. • Sai la **novità / verità**?
▪ No, cosa?
• Mi sposo!
▪ Ah, **mi fa molto piacere / chissà come mi piace**.

f. • Dottor Carli, **ha / hai** sentito la novità?
▪ No, che cosa è successo?
• La signora del terzo piano vende il suo appartamento.
▪ Ah, sì me **lo sapeva / l'ha detto** mia moglie.

5 | Cancella la reazione che non è logica.

a. • Allora, per domani mi sono liberato, possiamo giocare a tennis.
▪ Favoloso! / Che peccato! / Che bello!

b. • Purtroppo domani non posso venire: ho la macchina dal meccanico e non sarà pronta fino a domenica.
▪ Che meraviglia! / Accidenti! / È un bel guaio!

c. • Come sempre Giovanni non mi ha avvertito che era in ritardo.
▪ Come al solito! / Sempre lo stesso! / Che fortuna!

d. • Finalmente ho comprato la macchina nuova.
▪ Sul serio? / Ma dai! / Sempre così.

e. • Hai saputo che il tuo cantante preferito verrà in concerto qui?
▪ Sì, l'ho sentito. / Sì lo so. / Ci mancava solo questa!

6 | Abbina le parti di sinistra con quelle di destra e forma delle espressioni logiche. Poi usa le espressioni per completare i dialoghi.

1.	Ma	a.	così.
2.	Non ci	b.	so.
3.	Che	c.	dai!
4.	Lo	d.	credo.
5.	Sempre	e.	solito.
6.	Come al	f.	peccato!

a. • Hai sentito che Nicola ha comprato una nuova Vespa?
▪ Sì, ____________ ____________, l'ho incontrato ieri.

b. • Lui è Mario. Ci sposiamo il mese prossimo!
▪ ____________ ____________, non lo sapevo! Complimenti!

c. • Sai che la figlia di Simona ha vinto una borsa di studio per gli USA?
▪ No, ____________ ____________ ____________! A scuola andava malissimo...
• Sì, però all'università è diventata un piccolo genio.

d. • Scusami, Fiorella, ma domani non ce la faccio a venire.
▪ Oh ____________ ____________! È successo qualcosa?
• Niente di grave, ma la mia figlia minore si è ammalata e devo restare a casa.
▪ ____________ ____________, con i bambini è impossibile fare programmi!

e. • Gianni, sono in ritardo, scusa, arrivo fra mezz'ora.
▪ Eh, ____________ ____________ ____________, non cambi mai!

CHIEDERE E DARE INFORMAZIONI SULLE ORIGINI DI UNA NOTIZIA

1 | Completa lo schema sui pronomi combinati con le forme mancanti.

pronomi indiretti	pronomi diretti	pronomi combinati			
mi	lo / la / li / le		me la	me li	
ti			te la		te le
gli/le/Le			gliela	glieli	gliele
ci		ce lo	ce la		ce le
vi		ve lo		ve li	ve le
gli		glielo		glieli	gliele

2 | Completa i dialoghi con i pronomi della lista.

glielo | gliela | ce l' | te l' | me l'

a. • Chi ti ha raccontato questa storia?
▪ __________ ha raccontata Silvia.

b. • Chi vi ha detto che ero in vacanza?
▪ __________ ha detto tuo fratello.

c. • Nino si è licenziato?! Chi __________ detto?
▪ Sua moglie.

d. • Ma Marta sa che anch'io vengo a cena da lei stasera?
▪ Ma sì, ____________ ha detto Gianluca.

e. • Ma questa era un'informazione confidenziale, chi l'ha data a Lea?
▪ ____________ ha data un collega.

3 | Abbina le frasi a sinistra con le reazioni a destra.

1. ● Come hai saputo che Yuri e Sofia si sono messi insieme?
2. ● Secondo te è vero che quest'anno ci daranno un aumento?
3. ● Ho trovato un'offerta incredibile per tre sedute di massaggi shiatsu!
4. ● Chi ti ha detto dello sciopero di venerdì?
5. ● Perché non mi avete detto che c'era una festa sabato?
6. ● Giuliana ha deciso di iscriversi a un corso di boxe.

a. ■ Ah sì, te l'ha detto lei?
b. ■ Guarda che lo sapevano tutti! Ed eri invitato anche tu!
c. ■ L'ha scritto lui su Facebook, ha postato varie foto di loro due.
d. ■ Nessuno in particolare, l'ho sentito in giro.
e. ■ Ma su quale sito l'hai trovata?
f. ■ Mah, lo dicono tutti in ufficio, ma secondo me non è vero.

RIPASSO

1 | Trasforma dal registro formale all'informale e viceversa. Devi cambiare tutti gli elementi **evidenziati**.

	informale	formale
1.	Chi **te** lo ha detto?	______________
2.	______________	Come **fa** a saperlo?
3.	E **tu** come lo **sai**?	______________
4.	______________	E **Lei** come l'**ha** saputo?
5.	Ne **sapevi** qualcosa?	______________
6.	______________	Volevo dir**Le** una cosa...

2 | Abbina le espressioni di sinistra con le espressioni di destra con lo stesso significato.

1. Veramente?
2. Accidenti!
3. Sempre la stessa storia.
4. Non ci credo.
5. Che bella notizia!

a. Che guaio!
b. Mi fa molto piacere.
c. Sul serio?
d. Come al solito.
e. Incredibile.

Vai a pagina 131
e fai la parte A del Test 2

3 | Completa la chat con le parole della lista.

postato | su | scritto | ci | ne | sentito

Erica Hai ______________ che Eleonora e Dario si sono lasciati?!?

Gaia E tu che ______________ sai?

Erica Lei ha ______________ una cosa ______________ Facebook ieri.

Gaia Non ______________ credo.

Erica Credici, è vero.

Gaia E che cosa ha scritto?

Erica Che era pronta per fare "nuove esperienze".

Gaia Ma non significa niente!

Erica Ha anche ______________ varie foto su Instagram con un altro ragazzo.

1 | Prima di guardare il video, scegli l'opzione corretta per completare gli spazi bianchi nelle immagini. Poi guarda il video e controlla la soluzione.

a.

fortuna / peccato

b.

mancavo / mancava

2 | Vero o falso?

	VERO	FALSO
a. *Volevo dirti una cosa* significa *vorrei dirti una cosa.*	☐	☐
b. *Non ci credo!* significa che non abbiamo creduto alla notizia.	☐	☐
c. L'espressione *lo sapevo* ha un solo significato.	☐	☐
d. Diciamo *che guaio!* quando siamo contenti.	☐	☐
e. L'espressione c*he meraviglia!* si usa per esprimere entusiasmo.	☐	☐

3 | Completa lo schema con le espressioni della lista.

Che meraviglia! | Che sfortuna! | Ma dai! | Che peccato! | Che bello! | Ma non mi dire!
Non ci credo! | Che disastro! | Che fortuna! | Ma davvero? | Che guaio!

ESPRIME SORPRESA	ESPRIME DISPIACERE	ESPRIME ENTUSIASMO

4 | Completa la trascrizione con le parole della lista. Poi guarda il video e controlla la soluzione.

amico | invece | spesso | buona | vorrei | più | imperfetto | brutta

a. Ecco, uno straniero può chiedere: "Perché *volevo*? Perché l'______________? Non voglio adesso? E allora perché non posso usare ______________?" È vero, *volevo* in questo caso ha lo stesso significato di *vorrei* ma l'imperfetto dà alla frase un tono ______________ amichevole, meno da ordinazione al bar e più di confidenza con un ______________.

b. Ci sono poi esclamazioni per quando ascoltiamo una ______________ notizia come: *ma che sfortuna, che peccato, che guaio, che disastro* o *ci mancava solo questo.* ________________ quando la notizia è ______________, possiamo dire c*he bello, che fortuna, che meraviglia.* Speriamo di usare più ________________ queste espressioni!

AL RISTORANTE: PRIMA DEL PASTO

prendere un'ordinazione [il cameriere]

I signori hanno deciso?
Avete scelto?
Posso prendere l'ordinazione?
Siete pronti?
Volete ordinare?

risposte [il cliente]

\+ Sì, siamo pronti.
Sì, abbiamo deciso.
Allora, per me...
(Anche) io prendo / vorrei...

− Ancora un minuto, per favore.
No, ancora no.
No, ci può portare il menù?

> **QUALCOSA IN PIÙ**
> *Per parlare in modo formale a più persone si usa la terza persona plurale:* I signori ***hanno deciso***? (loro) = Signori, ***avete deciso***? (voi)

chiedere informazioni [il cliente]

Che mi / ci consiglia?
Per primo, che cosa c'è? / Come primo che cosa avete?
Che vino mi / ci suggerisce?
Che c'è oggi (di buono)? / Qual è il piatto del giorno?

risposte [il cameriere]

Le / Vi consiglio / suggerisco di prendere...
Allora, come / per primo abbiamo...
Le / Vi posso consigliare un ottimo...
Oggi c'è / Abbiamo...

richieste specifiche

Avete piatti vegetariani?	Certo, abbiamo secondi senza carne o pesce.
C'è il tiramisù?	No, purtroppo oggi no. / Purtroppo non c'è.
Si può avere un cannolo alla crema?	Sì, dovrebbe esserci; devo controllare / chiedere in cucina.

informazioni su un piatto

Che cos'è il carciofo alla giudia?	È un carciofo molto tenero fritto nell'olio.
Che cosa c'è nella pastiera napoletana?	Ricotta, uova, burro, grano e fiori d'arancio.
Con che cosa è fatta la ribollita?	Con il cavolo nero, i fagioli, il pane e le patate.
Il gelato contiene glutine?	No, il gelato è senza glutine.

DURANTE IL PASTO

chiedere qualcosa [il cliente] / risposte [il cameriere]

Scusi, potrebbe portare altro pane / del sale?	Un attimo, lo porto subito.
Un'altra bottiglia d'acqua, per favore.	Certo. / Subito, signori.

il cameriere chiede come va

Tutto bene?
Tutto a posto?
Come va, signori?
Com'è, signori?

risposte

Sì, tutto perfetto. / Sì, grazie.
Tutto a posto, grazie.
Benissimo, grazie. / Veramente buono.
Tutto delizioso / squisito / ottimo, grazie.
Questa bistecca è eccezionale!

Guardi, è un po' sciapo / insipido.
Mi dispiace ma la pasta è scotta.
Senta, la minestra è fredda.
Questo risotto non sa di niente!

offrire / chiedere un assaggio / risposte

Vuoi assaggiare?	Volentieri, grazie.
Assaggia. / Senti com'è buono.	No, grazie, adesso non mi va / non mi piace / non mangio...
Mi fai assaggiare?	Certo!

AL RISTORANTE: PRIMA DEL PASTO

1 | Completa la recensione online con le parole della lista, come nell'esempio.

qualità | eccezionale | pessimo | ~~consiglia~~ | prezzo | prenotazioni | cucina | chiude

Trattoria Il Gabbiano

Via del porto, Acciaroli (Salerno)

Al numero 1 su 54 ristoranti ad Acciaroli

66 recensioni

__________: € 28-42

__________: italiana, pesce

Possibilità per mangiare: accetta __________, __________ a mezzanotte

SCRIVI UNA RECENSIONE

66 recensioni

il 93% *consiglia*

__________	54
molto buono	8
nella media	2
scarso	1
__________	1

riassunto punteggio

cucina

servizio

__________ /prezzo

atmosfera

2 | Completa lo schema con i verbi corrispondenti ai nomi, come nell'esempio.

nome	verbo
consiglio	
decisione	
ordinazione	
pagamento	*pagare*
scelta	
suggerimento	

QUALCOSA IN PIÙ

*La **trattoria** è simile al ristorante, ma meno elegante e più economica.*

3 | Completa il dialogo con i verbi del punto precedente. Attenzione: devi decidere se usare l'infinito, il presente o il passato prossimo, come nell'esempio.

- ● Salve, signori, siete pronti per ________________?
- ■ No, ci scusi, ancora non (*noi*) ________________.
- ● Non c'è problema, ripasso tra un minuto.
- ■ No, no, senta, ci (*Lei*) *consiglia* qualcosa in particolare?
- ● Be', oggi vi (*io*) ________________ il piatto del giorno, gli gnocchi al pesto.
- ■ Ottima idea. Allora gnocchi per tutti.
- ● E (*voi*) ________________ il vino?
- ■ No, non ancora. Può darci un minuto?
- ● Certo... Ah, una cosa: oggi non abbiamo connessione, purtroppo non si può ________________ con la carta.
- ■ Ah, questo è un bel problema.

4 | Cancella l'opzione che non è logica.

a. ● Di primo che cosa avete?
■ Spaghetti all'amatriciana. / Gelato al cioccolato. / Risotto alla milanese.

b. ● Non so che cosa prendere!
■ Le posso consigliare qualcosa? / Purtroppo oggi non c'è. / Allora Le suggerisco qualcosa io.

c. ● Avete la torta di mele?
■ Oggi no. / Purtroppo non c'è. / Come lo vuole il vino?

d. ● C'è la parmigiana? / Che cosa c'è nella parmigiana? / Con che cosa è fatta la parmigiana?
■ Melanzane, cipolla, mozzarella, pomodori e parmigiano.

e. ● Siete pronti? / Lei non mangia carne? / Posso prendere l'ordinazione?
■ Sì, abbiamo deciso.

5 | Completa il menù del ristorante con i piatti nelle immagini, come negli esempi.

Ristorante *Il Bosco*

Antipasti
____

Primi
____

Secondi
4

Contorni
____

Formaggi
10

Dolci
____

Bevande
acqua, vino, birra

1. patatine fritte

2. arrosto

3. ricotta

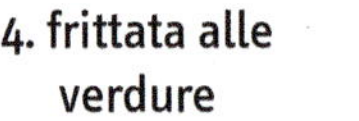

4. frittata alle verdure

5. minestrone

6. bruschetta

7. gelato

8. cassata siciliana

9. salumi

10. gorgonzola

11. gnocchi

12. insalata mista

QUALCOSA IN PIÙ

Il classico pasto italiano comprende l'antipasto, il primo, il secondo, il contorno, e un dolce. In realtà molti italiani ordinano tutti questi piatti solo in occasioni speciali (un matrimonio, per esempio). Spesso si prende solo un primo e un secondo, o un antipasto e un primo. Ma il pasto finisce quasi sempre con un caffè.

6 | Completa le domande con le preposizioni della lista.

nella | di | per | con | di | alla

1. _______ primo che cosa c'è?
2. Che cosa avete _______ buono?
3. Le consiglio _______ prendere gli spaghetti.
4. Avete la torta _______ crema?
5. _______ che cosa è fatta la parmigiana?
6. Che cosa c'è _______ pastiera?

7 | Abbina le frasi di sinistra con quelle di destra con un significato equivalente.
Poi indica chi dice la frase **evidenziata**, come nell'esempio.

		chi lo dice	
		il cliente	il cameriere
1. **Che cosa c'è di buono?**	a. Credo di sì, ma se non c'è?	☐	☐
2. **Non lo so, verifico.**	b. Oggi che cosa avete?	☐	☑
3. **Ancora un attimo e siamo pronti per ordinare.**	c. Che cosa ci consiglia?	☐	☐
4. **Dovrebbe esserci ancora. Altrimenti che cosa vi porto?**	d. Devo controllare.	☐	☐
5. **Qual è il piatto del giorno?**	e. Ci serve ancora un momento, per favore.	☐	☐

DURANTE IL PASTO

1 | Abbina gli aggettivi di sinistra con il loro contrario.

1. fresco
2. tenero
3. squisito
4. sciapo
5. scotto
6. buono

a. salatissimo
b. al dente
c. conservato, surgelato
d. cattivo
e. cattivissimo
f. duro

QUALCOSA IN PIÙ

Le espressioni ***scotto / al dente*** *si usano con la pasta:*
Questi spaghetti sono scotti!
Se non sono al dente, le penne non le mangio.

2 | Abbina le frasi a sinistra con le richieste a destra.

1. Senta, la minestra è sciapa.
2. Mi dispiace, ma la pasta è scotta.
3. Mi scusi, ma la lasagna è fredda!
4. Questa bistecca è squisita!
5. Senta, ha dimenticato l'acqua.
6. Il pane è caduto.

a. Ne può portare due bottiglie?
b. Complimenti al cuoco!
c. Ne può portare altro, per favore?
d. Me la può far riscaldare?
e. Potrebbe portarmi del sale?
f. Me ne può portare un altro piatto, questa volta al dente?

3 | Completa lo schema sull'imperativo regolare con le forme mancanti.

	informale: tu	**formale: Lei**
-are		
assaggiare		assaggi
mangiare		mangi
portare	porta	
-ere		
prendere	prendi	prenda
-ire		
sentire		senta

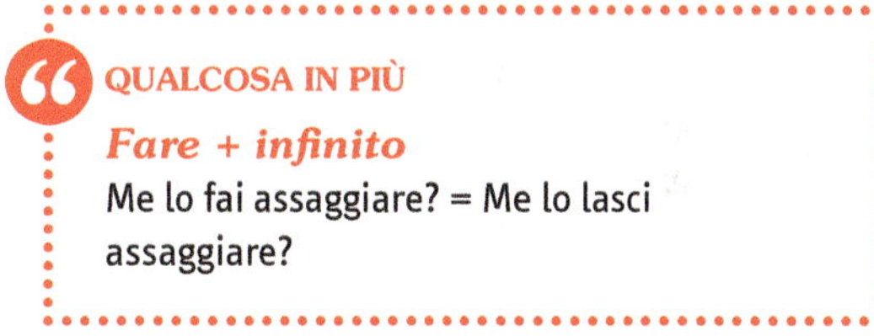

QUALCOSA IN PIÙ

Fare + infinito
Me lo fai assaggiare? = Me lo lasci assaggiare?

4 | Indica se questi dialoghi sono formali (F) o informali (I). Poi sottolinea gli elementi che indicano se sono formali o informali, come nell'esempio.

a. • Buonasera, signori.
■ Buonasera. Senta, che cosa consiglia stasera?
F / I

b. • Assaggia questi carciofi.
■ No, ti ringrazio, ma non mi vanno per niente.
F / I

c. • È buona la pasta?
■ Mah, guarda, niente di speciale. E il tuo riso?
F / I

d. • Senti com'è buona questa ricotta.
■ Volentieri, adoro tutti i tipi di ricotta, tu no?
F / I

e. • Riccardo, mangia la pasta, basta con quel telefono!
■ Ma non mi va più, mamma!
F / I

f. • Ci porta un altro po' di pane, per cortesia?
■ Aspetti solo un momento, signora. Arrivo subito.
F / I

RIPASSO

1 | Leggi i menù del giorno dei quattro ristoranti, poi decidi quale ristorante va bene per i clienti dei dialoghi sotto.

Trattoria Da Rosa
Piatti del giorno
PRIMI
risotto ai funghi
SECONDI
arrosto di vitello
pesce spada alla griglia

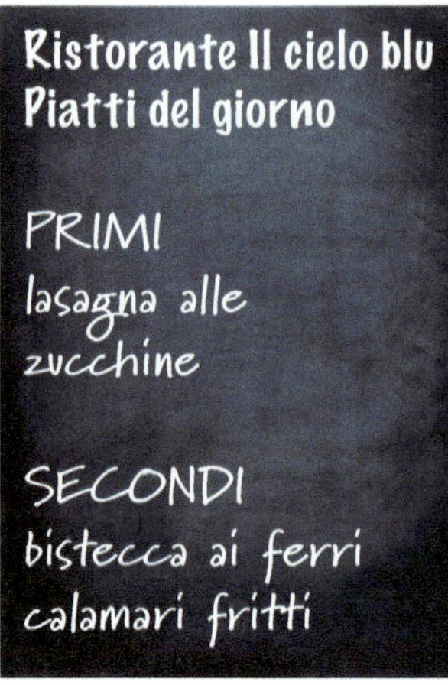

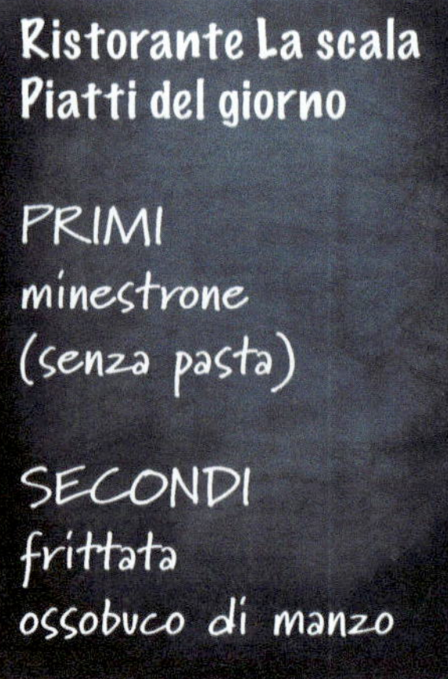

a. ● Salve.
■ Buongiorno.
● Che cosa posso portarLe?
■ Vorrei solo un secondo, ma non saprei che cosa prendere... Non trovo niente.
● In che senso?
■ Eh... Non mangio carne.
● Non c'è problema. Abbiamo ottimo pesce fresco.
■ Ehm... Io non mangio neanche pesce.
● È vegetariana?
■ Sì.
RISTORANTE: ________________

b. ● Senta, non avete piatti a base di pesce?
■ Certamente.
● Ah, bene. Però guardi, non posso mangiare fritti. Che cosa mi consiglia?
RISTORANTE: ________________

c. ● Buongiorno, signori. Avete già deciso?
■ Noi grandi sì...
● Voleva qualche suggerimento per il bambino?
■ Magari! Per lui vorrei prendere della carne, ma bianca, niente manzo, niente maiale.
RISTORANTE: ________________

d. ● Che cosa vi porto, signori?
■ Guardi, io vorrei solo la pasta.
● Perfetto. Mi dica.
■ Ma senza carne c'è qualcosa?
● Certo, guardi nei piatti del giorno.
RISTORANTE: ________________

2 | Completa le frasi con le parole della lista. Attenzione: in alcuni casi devi cambiare la desinenza dell'aggettivo.

freddo | caldo | sciapo | squisito | salatissimo | duro

1. Mamma mia, il mio risotto era ____________, adesso devo bere un litro d'acqua!
2. Questa frittura di pesce è ____________, la devi assaggiare assolutamente!
3. Se c'è una cosa che non sopporto, è la pasta ____________! Adesso chiamo il cameriere!
4. Va bene la pasta al dente, ma questa è davvero troppo ____________!
5. Senta, mi ha portato una birra ____________, non la posso bere così!
6. Questo pollo arrosto è così ____________, mi passi il sale?

QUALCOSA IN PIÙ
*In molti ristoranti ci sono uno o più piatti del giorno. In genere non compaiono nel menù e si chiamano anche **fuori carta**.*

1 | Prima di guardare il video, scegli l'opzione corretta per completare gli spazi bianchi nelle immagini. Poi guarda il video e controlla la soluzione.

a.

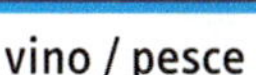

vino / pesce

b.

bruschette / spaghetti

c.

uovo / salsa

d.

buono / pesante

2 | Vero o falso?

		VERO	FALSO
a.	Il pranzo completo comprende due portate.	☐	☐
b.	Gli affettati misti sono salame, prosciutto e differenti tipi di formaggio.	☐	☐
c.	Gli spaghetti sono un esempio di pasta lunga.	☐	☐
d.	Tutti i tipi di pasta si possono cucinare in brodo.	☐	☐
e.	Di solito con il ragù si fanno le tagliatelle.	☐	☐
f.	L'ammazzacaffè è un dolce tipico.	☐	☐

3 | Guarda il video e completa con l'opzione giusta.

1. La pasta può essere:
   a. ripiena, lunga o dolce.
   b. corta, lunga o ripiena.
   c. ripiena, corta o affettata.
2. Non fanno parte della pasta ripiena:
   a. le tagliatelle.
   b. i tortellini.
   c. i ravioli.
3. La carbonara si fa con:
   a. le tagliatelle.
   b. i tortelloni.
   c. gli spaghetti.
4. L'ammazzacaffè:
   a. sostituisce il caffè.
   b. ci rilassa.
   c. ci dà energia.

4 | Completa la trascrizione con le parole della lista. Poi guarda il video e controlla la soluzione.

tipi | appetito | ammazzacaffè | differenza | pennichella | brodo | grappa | condimento | perfetta | ragù

a. Ma non basta! C'è la salsa. No, non la salsa il ballo, la salsa il ________________, l'elemento che spesso fa la ________________. Per esempio la carbonara è ________________ con gli spaghetti, il ____________________ è ideale con le tagliatelle, mentre la pasta ripiena si può cucinare in ________________, cosa impossibile con altri ________________ di pasta.

b. L'alcolico può essere una ________________ o un limoncello e dicono che faccia digerire. Se dopo l'________________ abbiamo sonno, è bene fare una bella ________________. E quando ci risveglieremo sarà ora di mangiare di nuovo. Buon ____________________!

CHIEDERE E DARE INFORMAZIONI SULLA SALUTE

il dottore si informa sullo stato di salute

Come si sente?
Qual è il problema?
Che cosa c'è che non va?
Mi dica tutto.
Che disturbi ha?

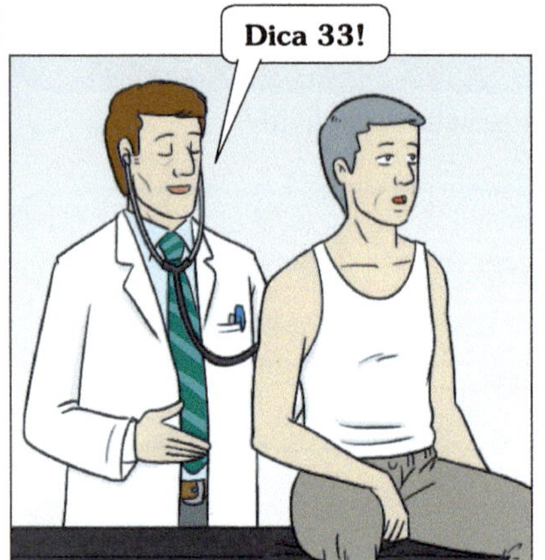

il paziente descrive il proprio stato di salute

Ho mal di testa / denti / pancia / ...
Ho dei fastidi / disturbi allo stomaco.
Ho un problema alla schiena / alle orecchie.
Ho la tosse / il raffreddore / la febbre / l'influenza / l'emicrania.
Mi fa male la testa / pancia.
Mi fanno male le orecchie / i muscoli delle gambe.
Mi dà fastidio il ginocchio sinistro.
Mi bruciano / danno fastidio gli occhi.
Sento un dolore al petto.
Non riesco a camminare bene.
Faccio fatica a respirare.
Mi sono fatto/a male alla caviglia.
Mi sono rotto/a un braccio.
Mi sono venute delle macchie rosse sulla pancia.

*Vuoi saperne di più sull'espressione **dica 33**? Guarda il video di questa lezione su ALMA.tv!*

il dottore chiede particolari

È un dolore / fastidio costante?
Quando le fa male?
È un dolore diffuso o solo in un punto preciso?
Da quando ha questo fastidio?
Quando è iniziato?

risposte

Si tratta di una fitta, un dolore forte e breve.
Mi fa male soprattutto la mattina, poi verso sera migliora.
Il dolore parte dalla schiena e va verso il piede.
Ho questo fastidio da circa venti giorni.
(Il dolore / fastidio) è iniziato / cominciato venti giorni fa.
Sono venti giorni che ho questo disturbo.

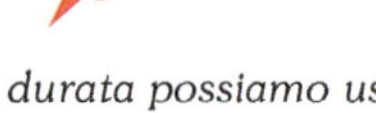

ATTENZIONE!
Per esprimere la durata possiamo usare diverse strutture:
Il problema è iniziato venti giorni fa.
Sono venti giorni che ho questo problema.
Ho questo problema da venti giorni.

PRESCRIVERE UNA CURA

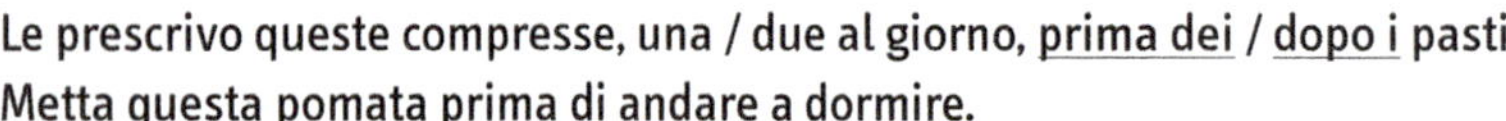

Le prescrivo queste compresse, una / due al giorno, prima dei / dopo i pasti.
Metta questa pomata prima di andare a dormire.
Le do queste gocce, ne prenda venti la mattina e venti la sera.
Le prescrivo una visita specialistica.
La mando da un dermatologo.
Bisogna fare delle analisi / degli esami / degli accertamenti.
Faccia un po' più di movimento.
Stia riguardato.
Deve / Dovrebbe mangiare meno / meglio.
Deve / Dovrebbe smettere di fumare.
Deve / Dovrebbe andare da uno specialista.

CHIEDERE E DARE INFORMAZIONI SULLA SALUTE

1 | Fai l'anagramma delle parole e trova le parti del corpo, come nell'esempio.

1. bagam *gamba*
2. cibraco ____________
3. sttea ____________
4. cohioc ____________
5. asno ____________
6. plalsa ____________
7. iorechco ____________
8. anom ____________
9. peied ____________
10. ncpaia ____________
11. ccoba ____________
12. tpeto ____________
13. glcaviia ____________

QUALCOSA IN PIÙ

Alcune parti del corpo hanno un plurale irregolare:

il braccio *(m.)* — **le braccia** *(f.)*
il ginocchio *(m.)* — **le ginocchia** *(f.)*
l'orecchio *(m.)* — **le orecchie** *(f.)*
Attenzione: **la mano - le mani**

2 | Completa le immagini con le parole del punto precedente.

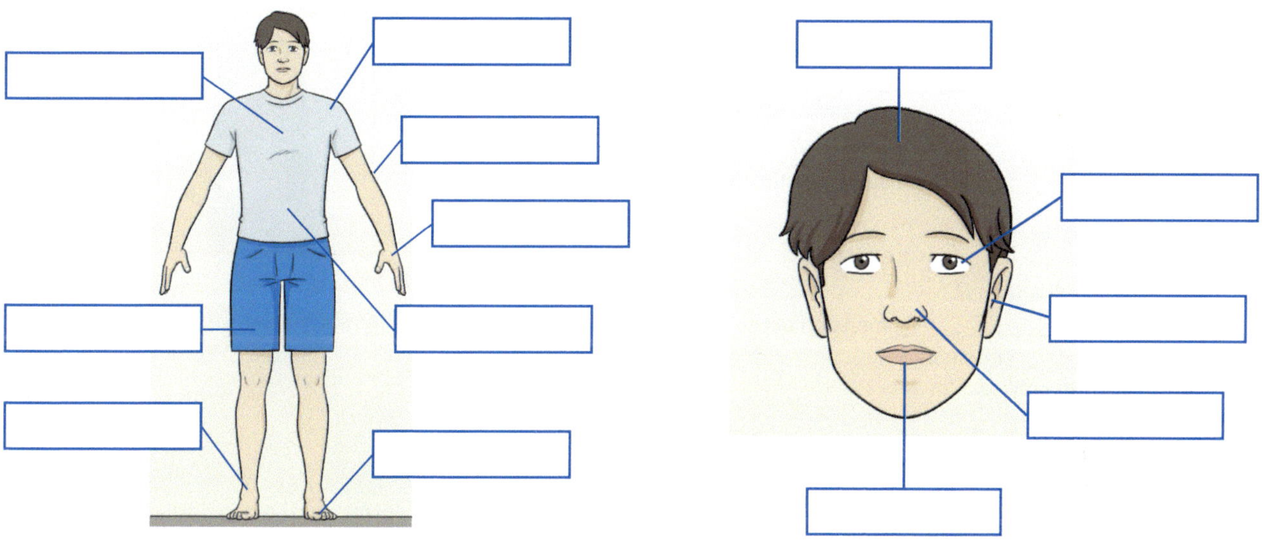

3 | Abbina le immagini con il nome del disturbo fisico.

1. ☐ 2. ☐ 3. ☐ 4. ☐ 5. ☐ 6. ☐

a. febbre b. mal di schiena c. tosse d. mal di testa e. raffreddore f. mal di denti

4 | Riordina le battute dei dialoghi tra medico e paziente, come nell'esempio.

a. • va | signora | come
■ bene | sento | mi | non
• *Come va, signora* ?
■ *Non mi sento bene* .

b. • il | è | qual | problema
■ respirare | a | riesco | non
• ______________________?
■ ______________________.

c. • non | va | c'è | cosa | che | che
■ male | caviglia | sono | alla | mi | fatta
• ______________________?
■ ______________________.

d. • costante | allo | dolore | è | il | stomaco
■ dalla | fa | sera | male | mattina | alla | mi
• ______________________?
■ ______________________.

5 | Completa i dialoghi tra dottore e paziente con le parole della lista. Attenzione: ci sono due parole in più.

da | qual | mal | sente | sopra | bruciano | dove | dica | soprattutto | corpo | venute | dolore | disturbi

a. • Buongiorno, Stefano, mi ____________.
■ Eh... Sono un po' preoccupato perché mi sono ____________ delle macchie rosse su tutto il ____________.

b. • Ciao, Marco, come ti senti?
■ Mah, da un paio di giorni ho un forte ____________ alle orecchie.
• È costante?
■ No, lo sento ____________ quando sto fuori.

c. • Allora, ____________ è il problema?
■ Ho ____________ di testa da una settimana!

d. • ____________ Le fa male?
■ Qui, ____________ l'occhio destro.

e. • Prego, che problema ha?
■ Allora... Mi ____________ molto gli occhi.
• ____________ quando?
■ Non ricordo di preciso.

QUALCOSA IN PIÙ
Quando una persona starnutisce, si dice: ***salute**!*

6 | Abbina le domande del dottore con la spiegazione del paziente.

1. Ho delle macchie strane sulle mani.
2. Non riesco a dormire.
3. Ho l'influenza.
4. Ho un problema alla schiena.
5. Sento un dolore al petto.

a. Non riesce ad addormentarsi o non dorme per niente?
b. Con o senza febbre?
c. Ne ha anche sul resto del corpo?
d. Ha delle fitte o un dolore costante?
e. Quanto tempo passa seduto in ufficio?

PRESCRIVERE UNA CURA

QUALCOSA IN PIÙ
Per dare consigli o istruzioni è possibile usare il verbo ***dovere*** *(all'indicativo o al condizionale) con l'infinito, o l'imperativo.*

	TU	LEI
indicativo	devi	deve
condizionale presente	dovresti	dovrebbe

Imperativo irregolare

	TU	LEI
andare	va' / vai	vada
bere	bevi	beva
dire	di'	dica
fare	fa' / fai	faccia
stare	sta' / stai	stia
venire	vieni	venga

1 | Completa i consigli del dottore con i farmaci nelle immagini.

gocce

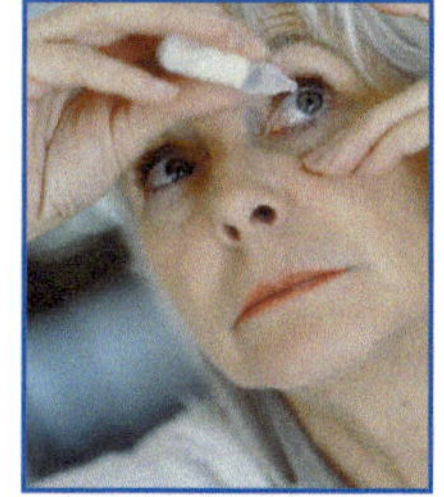
collirio

pomata

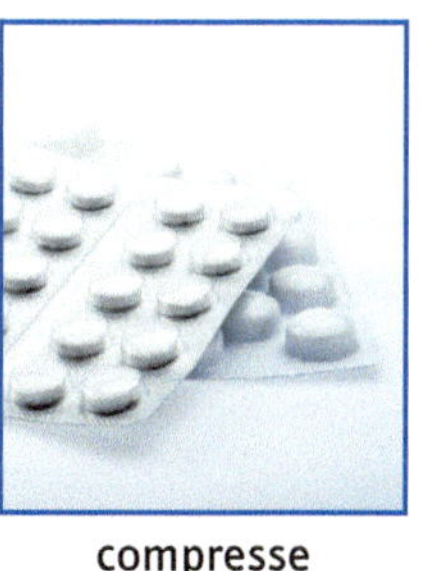
compresse

sciroppo

a. PAZIENTE: Da due giorni ho una forte tosse.
DOTTORE: Prenda un cucchiaio di _____________ prima di andare a letto.

b. PAZIENTE: Dottore, spesso gli occhi mi bruciano, soprattutto la sera.
DOTTORE: Metta due o tre gocce di _____________ nell'occhio quando le fanno male.

c. PAZIENTE: Dottore, ho un forte mal di denti.
DOTTORE: Prenda questo antidolorifico: due _____________ al giorno, una la mattina e una la sera.

d. PAZIENTE: Dottore, mi sento sempre debole e stanca.
DOTTORE: Le do delle vitamine: ne prenda venti _____________ la mattina in un bicchiere con un po' d'acqua.

e. PAZIENTE: Mio figlio è caduto dalla bicicletta e gli fa male il ginocchio.
DOTTORE: Deve spalmare questa _____________ sul ginocchio ogni sera.

2 | Sottolinea l'opzione corretta.

a. Allora, signora Marini, **cerca / cerchi** di bere più acqua.
b. Signor Carli, **mangi / mangia** più frutta.
c. Signora Orlandi, mi **fa' / faccia** vedere bene la schiena, per favore.
d. Maria, hai una brutta influenza, **stia / sta'** riguardata.
e. Lorenzo, mi devi ascoltare: **beva / bevi** meno alcol.
f. Lei non fa abbastanza sport: **vada / va** in palestra, è il mio miglior consiglio.
g. Signor Puglisi, **finisci / finisca** questa cura e poi ci risentiamo.
h. Le consiglio di seguire questa cura e di tornare da me mercoledì. Ma **vieni / venga** nel mio altro studio, questo sarà chiuso.

3 | Abbina il disturbo con il consiglio corrispondente.

1. Dottore, sono ingrassato!
2. Non riesco ad addormentarmi la sera.
3. Non vedo più bene quando leggo.
4. Quando cammino mi fanno male le ginocchia.
5. Ho l'influenza.
6. Il bambino è irritato sul viso, le braccia e le gambe.

a. Lei porta delle scarpe inadatte. Le dovrebbe cambiare.
b. Dovrebbe comprare degli occhiali nuovi.
c. Rimanga a casa, ora Le faccio subito un certificato medico.
d. Gli metta questa pomata e lo protegga dal sole.
e. Faccia più sport e mangi meno grassi.
f. Beva una camomilla ed eviti di guardare la TV a letto.

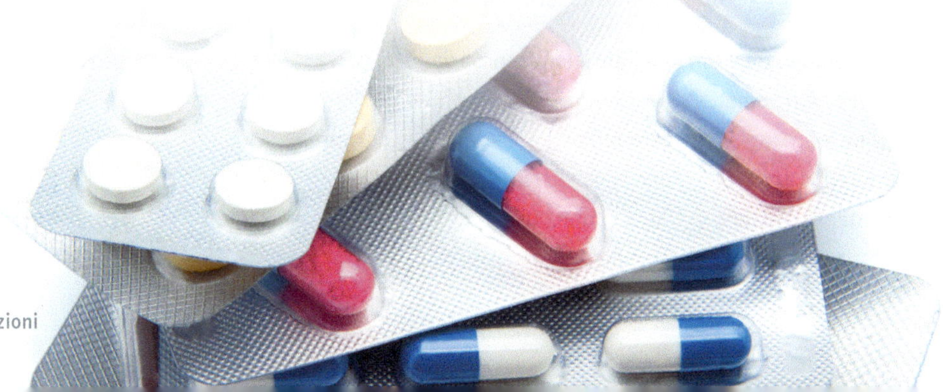

4 | Leggi il messaggio che un utente ha inviato a un sito di medici.

Buongiorno, vi scrivo per chiedere un consiglio. Ho dei sintomi simili a quelli dell'influenza, nonostante il vaccino che ho fatto qualche settimana fa.
Ho 38 di febbre e mi sento molto stanco, ho il naso chiuso e mi fanno male le articolazioni. Non ho né tosse né mal di gola. Ho anche uno strano dolore alla pancia: ho chiesto un consulto al mio medico, che però non ha trovato niente di strano. Secondo voi ho una forma di influenza virale? Ma allora perché il vaccino non ha funzionato? Questa cosa mi è successa già due anni fa, e anche allora mi ero vaccinato. Devo fare qualche test specifico per capire perché il vaccino non mi protegge?
Grazie mille, S. T.

Salve, non ha motivo di preoccuparsi. Nessun vaccino protegge il 100% dei vaccinati. In questo periodo circola una grande quantità di virus diversi, e alcuni resistono al vaccino contro l'influenza classica. Si riposi, stia casa e aspetti che il virus passi.
Cordialmente, Dott. Calderoli

Trova nel messaggio di S. T. i tre nomi che corrispondono alle definizioni.

1. fenomeni con i quali si manifesta una malattia:
   ____
2. preparazione che protegge l'organismo e lo rende più resistente contro una malattia infettiva:
   ____
3. richiesta di una diagnosi a un medico:
   ____

Adesso rileggi il messaggio di S. T. e la risposta del medico e indica con una X le affermazioni vere. Le affermazioni non sono in ordine.

S. T.:
a. ha già chiesto un parere al suo medico. ☐
b. vuole sapere se deve fare altri esami. ☐
c. vuole sapere se deve vaccinarsi contro l'influenza. ☐
d. non capisce perché il vaccino non è efficace. ☐
e. ha la febbre e un forte mal di gola. ☐
f. ha avuto gli stessi sintomi in passato. ☐

Il Dottor Calderoli:
g. consiglia al paziente di fare altri esami. ☐
h. consiglia al paziente di riguardarsi. ☐
i. dice che il vaccino funziona contro tutti i virus. ☐
l. tranquillizza il paziente. ☐

5 | Abbina le specializzazioni mediche con la loro descrizione, come nell'esempio.

1. oculista	a. cura i bambini
2. dermatologo	b. si occupa del cuore
3. pediatra	c. si occupa di naso, gola e orecchie
4. cardiologo	d. tratta i disturbi degli occhi
5. otorino (laringoiatra)	e. si occupa della pelle

6 | Completa le frasi con le preposizioni appropriate.

1. Devi proprio smettere ___ fumare.
2. È meglio mangiare leggero prima ___ andare ___ dormire.
3. Dovrebbe andare ___ uno specialista.
4. Ho questo fastidio ___ una settimana.
5. Faccia un po' più ___ movimento.

RIPASSO

1 | Cancella la risposta non logica, come nell'esempio.

a. • Quando è iniziato il fastidio?
■ ~~Tutto bene.~~ / Ieri.

b. • È un dolore diffuso o in un punto preciso?
■ Di solito verso sera. / Su tutta la gamba.

c. • Da quando ha questo fastidio?
■ La sera. / È iniziato a maggio.

d. • Che cosa mi consiglia?
■ Una fitta, prima dei pasti. / Deve fare delle analisi.

e. • Si tratta di un fastidio costante?
■ No, solo la sera. / No, parte dal braccio e va fino alla spalla.

f. • Come sta oggi?
■ Soprattutto la mattina. / Mi sento meglio.

2 | Inserisci le parole della lista al posto corretto, come nell'esempio. Attenzione: le parole non sono in ordine.

mettere | ne | ho | deve | resti | male | continui | gocce | ~~sente~~

• Buongiorno, signor Meli, come si oggi?
■ Eh, le orecchie mi fanno ancora.
• Ha messo le che Le ho prescritto?
■ Sì dottore, ma non funzionano, ancora dolore.
• Allora fare una visita specialistica. La mando da un mio collega molto bravo. Intanto però a casa per un paio di giorni.
■ Va bene, dottore, ma devo continuare a le gocce che mi ha dato Lei?
• Sì, con quelle gocce. Le serve un'altra confezione?
■ No, ho ancora, non si preoccupi.

3 | Completa le frasi con i verbi della lista. Devi coniugare i verbi al presente o al passato prossimo.

farsi | fare | bruciare | dare | avere

a. Mi ___________ fastidio la schiena da una settimana.
b. Mia figlia ___________ mal di gola da ieri sera.
c. Mi __________ male due denti.
d. Laura __________ male in montagna l'estate scorsa.
e. Ti ___________ gli occhi, tesoro?

4 | Leggi l'articolo e indica sotto se le affermazioni sono vere o false.

Disturbi di stagione: influenza e raffreddore

Ecco una guida dei nostri esperti per scoprire che cosa ti dicono i tuoi sintomi e le soluzioni naturali per stare subito meglio.

Influenza
I suoi tipici segnali sono febbre alta e dolori diffusi.
In quanto tempo passa?
Una settimana circa.
Le strategie di difesa naturali
"Mangia liquido, leggero ed energetico", consiglia l'esperto. "La febbre, infatti, ti fa sudare e perdere acqua e sali minerali". Il menu? Minestre, carni bianche, frutta e verdura.

Raffreddore
Il naso si chiude e non senti più il sapore dei cibi. Ti senti debole e a volte hai un po' di febbre.
In quanto tempo passa?
Circa una settimana, ma nei primi tre giorni i sintomi sono più forti.
Le strategie di difesa naturali
Bevi per compensare la perdita di liquidi: acqua, ma anche tè, tisane e spremute di arance, ricche di vitamina C. Ma attenzione: no alle arance se hai anche mal di gola.

adattato da *www.starbene.it*

		VERO	FALSO
1.	Quando hai l'influenza, hai la febbre.	☐	☐
2.	Quando hai il raffreddore, hai sempre la febbre.	☐	☐
3.	Sia la febbre che il raffreddore passano più o meno in una settimana.	☐	☐
4.	Il raffreddore è più forte alla fine.	☐	☐
5.	Chi ha l'influenza non deve mangiare per niente carne.	☐	☐
6.	Se hai mal di gola, evita le spremute d'arancia.	☐	☐
7.	Con il raffreddore è bene bere molto.	☐	☐

1 | Prima di guardare il video, scegli l'opzione corretta per completare gli spazi bianchi nelle immagini. Poi guarda il video e controlla la soluzione.

a.

febbre / cera

b.

schiena / pelle

2 | Vero o falso?

		VERO	FALSO
a.	Per informarsi sulle condizioni di salute di qualcuno si chiede solo *come stai?*.	☐	☐
b.	Chi dice *non ti vedo bene oggi* ha problemi agli occhi.	☐	☐
c.	I problemi di salute si chiamano anche *disturbi*.	☐	☐
d.	Per il mal di schiena dobbiamo fare una radiografia.	☐	☐
e.	Se ti fa male qualcosa, puoi prendere un antidolorifico.	☐	☐

3 | Abbina le frasi a sinistra con le frasi a destra con un significato simile.

1.	Non ti vedo bene.	a.	Ho 39.
2.	Non mi sento bene.	b.	Qualcosa non va?
3.	medico di famiglia	c.	Ho dei disturbi.
4.	Ho la febbre.	d.	Hai una brutta cera.
5.	Che cos'hai?	f.	medico generico

4 | Completa la trascrizione con le parole della lista. Poi guarda il video e controlla la soluzione.

visita | disturbi | bell' | medici | problema | male | influenza | bene

a. *Hai una brutta cera* significa non hai un _______________ aspetto, si vede che stai _______________ e quindi la risposta può essere *non mi sento* _______________, *mi sento male*, o *ho la febbre, ho l'*_______________, *da un po' di giorni ho dei* _______________.

b. In ogni caso, quando si parla di _______________, di dottori, in Italia c'è una frase proverbiale: *dica 33*. *Dica 33* è quello che dice il medico quando ci _______________ con lo stetoscopio; e perché *dica 33*? Perché se noi diciamo trentatré, per lui è più facile capire se c'è un _______________.

CHIEDERE E DARE INFORMAZIONI SUL LAVORO

?	
Che lavoro / mestiere fai?	Sono / Faccio il meccanico.
Che fai nella vita?	Lavoro nel settore / campo dell'informatica.
Di che ti occupi?	(Mi occupo) di ristorazione.
Che tipo di contratto hai?	Ho un contratto a progetto / tempo indeterminato / tempo determinato. Sono precario. Sono un dipendente fisso. Sono un lavoratore autonomo / free-lance / libero professionista.
Che qualifica hai?	Sono operaio / impiegato / quadro / dirigente.
Quando sei stato assunto?	Nel 2005.
Come sei entrato?	Ho inviato il mio curriculum e ho fatto un colloquio. Ho vinto un concorso pubblico.
Che orario fai?	Ho un orario flessibile. Lavoro dalle... alle... Faccio i turni. Lavoro full time fino alle 18:00. Faccio un part-time.
Quante ferie hai?	Circa quattro settimane all'anno più le festività.

QUALCOSA IN PIÙ

In italiano la domanda ***quanto guadagni al mese?*** *è delicata: in generale non si fa agli estranei e alcune persone non la fanno neanche agli amici. Lo stipendio è spesso un argomento tabù!*

i mestieri

- maschile in **-o**, femminile in **-a**: commesso / commessa; cuoco / cuoca; impiegato / impiegata; operaio / operaia; poliziotto / poliziotta
- maschile in **-ere**, femminile in **-era**: cameriere / cameriera; infermiere / infermiera; cassiere / cassiera; parrucchiere / parrucchiera
- maschile in **-tore**, femminile in **-trice**: traduttore / traduttrice; attore / attrice; scrittore / scrittrice
- stessa forma per il maschile e il femminile: insegnante, cantante, giornalista, autista, farmacista, artista
- esiste solo al maschile: medico, ingegnere, meccanico

disoccupato / disoccupata
pensionato / pensionata

DESCRIVERE IL LAVORO IDEALE

?	
Che lavoro ti piacerebbe / vorresti fare?	Mi piacerebbe / Vorrei fare il cuoco.
Ti piacerebbe / Vorresti cambiare lavoro?	Sì, il mio sogno sarebbe diventare fotografo.
Che cosa cambieresti nel tuo lavoro?	Sarebbe necessario avere più tempo per completare un progetto. Bisognerebbe lavorare con più calma. Vorrei poter lavorare senza stress / guadagnare di più. Mi piacerebbe viaggiare per lavoro.
Che cosa ti piace del tuo lavoro?	La possibilità di stare a contatto con i clienti.

CHIEDERE E DARE INFORMAZIONI SUL LAVORO

1 | Abbina le domande a sinistra con le risposte a destra.

1. Di che ti occupi?
2. Che orario fai?
3. Quanto ci metti ad arrivare al lavoro?
4. Che tipo di contratto hai?
5. Che qualifica hai?
6. Quando sei stato assunto?
7. Come sei entrato in azienda?
8. Quante ferie hai?

a. Circa venti minuti in moto.
b. Sono dirigente.
c. L'anno scorso.
d. Ho fatto un colloquio con il direttore.
e. Di finanza.
f. 24 giorni all'anno.
g. A tempo determinato.
h. Classico: 9 - 18.

2 | Abbina i mestieri nelle immagini alle definizioni sotto.

a. vigile del fuoco

b. parrucchiera

c. vigile urbano

d. benzinaio

e. avvocato

f. medico

1. Nel posto dove lavoro è assolutamente vietato fumare! Lavoro con automobilisti e motociclisti: senza di me non potrebbero circolare né auto, né moto! ☐
2. Non ti senti bene? Vieni da me, ti visiterò per capire cos'hai e poi ti dirò che medicine prendere per guarire. ☐
3. Vuoi segnalare un incendio? Qualcuno ha bisogno di aiuto dopo una catastrofe naturale? Basta chiamare il 115 e arrivo subito sul mio camion rosso! ☐
4. Mi prendo cura dei tuoi capelli e so consigliarti il taglio o l'acconciatura migliore per il tuo viso e per le tue esigenze! ☐
5. Difendo chi ha problemi con la giustizia, sempre nel rispetto del principio: la legge è uguale per tutti. ☐
6. Lavoro in mezzo al traffico, dirigo la circolazione delle macchine e controllo che nessuno guidi in modo pericoloso. Certo, a volte devo fare anche delle multe! ☐

3 | Completa lo schema con le forme mancanti.

MASCHILE	FEMMINILE
parrucchiere	
	scrittrice
giornalista	
	insegnante
	operaia
cantante	
impiegato	
	cassiera

QUALCOSA IN PIÙ

In italiano il passivo si può formare con il verbo essere e il participio passato, per esempio:

- presente

Il contratto è firmato dal lavoratore e dal datore di lavoro.

- passato prossimo

Milena è stata assunta da una scuola privata come insegnante.

4 | Completa l'annuncio di lavoro con le parole della lista.

candidati | CV | settore | conoscenza | azienda | part-time | informale | assunzione | programmatore | laurea

Sede di lavoro:	Padova
Settore:	comunicazione
Orario:	____________
Contratto:	stage
Titolo di Studio:	____________

Prestigiosa agenzia di comunicazione e marketing seleziona un ____________ informatico.

I ____________ dovranno soddisfare i seguenti requisiti:

- laureati in discipline informatiche con esperienza, anche breve, nel ____________.
- in alternativa: candidati con ____________ dei principali linguaggi di programmazione.
- per tutti: buona conoscenza dell'inglese scritto e parlato.

Si offrono:

- un contesto ____________, giovane, dinamico e stimolante.
- stage di sei mesi con possibilità di ____________ a tempo indeterminato in ____________.

Come candidarsi: inviare il ____________ a risorseumane@promoinfo.eu.

5 | Abbina le definizioni con il loro significato, come nell'esempio.

1. contratto di assunzione senza limiti di tempo
2. contratto di assunzione di durata limitata
3. una persona che lavora come free-lance → e
4. intervista a chi si candida a un posto di lavoro
5. esame di ingresso per chi vuole lavorare nella pubblica amministrazione
6. il contrario di *assumere*
7. lasciare volontariamente un posto di lavoro
8. la somma di denaro che un dipendente riceve ogni mese
9. orario parziale, a mezza giornata

a. stipendio
b. licenziare
c. a tempo indeterminato
d. dare le dimissioni
e. lavoratore autonomo
f. part-time
g. a tempo determinato
h. colloquio di lavoro
i. concorso

6 | Completa le frasi con i verbi della lista al passivo e al passato prossimo, come nell'esempio. I verbi non sono in ordine.

contattare | selezionare | ~~definire~~ | confermare | assumere | formare | licenziare

a. Il mio stipendio *è stato definito* insieme all'ufficio delle risorse umane.
b. Gianna e Carlo ____________ come programmatori dall'azienda System Run.
c. Purtroppo mio zio ____________ dall'azienda, sta cercando di nuovo lavoro.
d. Camilla ____________ tra venti candidati!
e. Quando ho iniziato a lavorare qui, ____________ per circa un mese.
f. (*Voi*) ____________ dall'azienda via mail o telefonicamente?
g. La data del colloquio di lavoro ____________.

DESCRIVERE IL LAVORO IDEALE

1 | Inserisci le frasi della lista nel dialogo. Devi anche coniugare i verbi fra parentesi all'indicativo o al condizionale.

1. Sì, abbastanza, ma non sempre. 2. Mah, bisognerebbe lavorare con meno pressione. (*Essere*) ____________ meglio per tutti. 3. Mi piacciono le bici, quindi forse mi (*piacere*) ____________ riparare biciclette! 4. Quando sono stressata, sì!

- ● Che lavoro fai?
- ■ Sono insegnante.
- ● Ti (*piacere*) ____________ quello che fai?
- ■ ______________________________
- ● Ah, ti (*piacere*) ____________ cambiare lavoro?
- ■ ______________________________
- ● Che cosa ti (*piacere*) ____________ fare?
- ■ ______________________________
- ● Interessante! Ma a proposito del tuo lavoro di insegnante, che cosa (*tu - cambiare*) ____________?
- ■ ______________________________

2 | Cancella l'opzione che non è logica.

a. Che lavoro ti piacerebbe fare?
Bisognerebbe ridurre lo stress. / Vorrei diventare scrittrice.

b. Che cosa cambieresti del tuo lavoro?
A dire il vero, niente. / Amo parlare con i clienti.

c. Che cosa ti piace del tuo lavoro?
La possibilità di stare a contatto con i clienti. / Diventare pilota.

d. Qual è il tuo sogno?
Guadagnare di più. / Faccio l'autista.

e. Che cosa vorresti?
Sono molto stressata in questo momento. / Poter lavorare senza stress.

3 | Abbina i mestieri nelle immagini alle affermazioni sotto.

a. commesso

b. guida turistica

c. cuoco

d. scrittore

e. musicista

f. maestro elementare

1. Mi piace molto lavorare con i bambini. ☐
2. Raccontare storie è sempre stato il mio sogno. ☐
3. La mia passione è far conoscere le bellezze della mia città. ☐
4. Adoro stare a contatto con i clienti e dargli consigli sullo stile migliore per loro. ☐
5. La mia grande passione è la musica: ho iniziato a studiare chitarra da bambino. ☐
6. Il mio sogno è avere un locale tutto mio per sperimentare le mie ricette. ☐

4 | Completa il testo con le parole della lista.

impiego | colleghi | stipendio | finanziaria | capo | dipendenti | professionale | progetti

I motivi per cui i _______________ amano il proprio lavoro.

In ordine di importanza:

1. _______________ interessanti.
2. Buone relazioni con i _______________.
3. Un buon equilibrio tra la vita privata e la vita _______________.
4. Una buona relazione con il proprio _______________.
5. La stabilità _______________ dell'azienda.
6. Un _______________ sicuro.
7. Un buono _______________.

adattato da *https://it.linkedin.com*

RIPASSO

1 | Leggi il testo e abbina le espressioni sottolineate con i sinonimi corrispondenti nello schema sotto, come nell'esempio.

La giornata tipo di un'istruttrice di nuoto

Lavoro dal lunedì al venerdì. Quando arrivo al lavoro, alle 8:30, prima di tutto vado a cambiarmi nello spogliatoio. Dopo vado in piscina. Le prime persone che vogliono nuotare liberamente arrivano intorno alle 9:00, ma la mia prima lezione comincia alle 9:30. Insegno sia aquagym che nuoto per adulti. Nel corso della giornata controllo spesso la temperatura dell'acqua, che deve essere fra i 30 e i 38 gradi. Al termine della giornata, quando sono andati tutti via, nuoto un po' anch'io, ma non lo faccio sempre.

verso le	
alla fine	
frequentemente	
cinque giorni su sette	
poi	
sistematicamente	*sempre*
durante la	
per prima cosa	

2 | Completa l'intervista con le parole della lista. Attenzione: in un caso non devi inserire nessuna parola.

progetto | piacerebbe | metti | tempo | vita | assunto | contratto | cambieresti | occupi | sede | orario

- Ciao, siamo di TV TU, stiamo facendo un reportage sul mondo del lavoro _______________. Possiamo farti qualche domanda?
- ■ Certo, prego.
- Che fai nella _______________?
- ■ L'ingegnere elettronico.
- Ah, un lavoro importante. In pratica di che cosa ti _______________?
- ■ Della progettazione di sistemi informatici.
- E posso chiederti che tipo di _______________ hai?
- ■ Certo, ho un contratto a _______________.
- Quindi non sei _______________ dall'azienda.
- ■ Eh, purtroppo no, oggi in Italia è difficile avere un contratto a _______________ indeterminato.
- E quante ore lavori alla settimana?
- ■ Mah, circa 40 ore.
- E che _______________ fai?
- ■ Quello classico d'ufficio: dalle 9:00 alle 18:00.
- Ci _______________ tanto ad arrivare sul posto di lavoro?
- ■ Sì, perché abito un po' lontano dalla _______________ dell'azienda.
- Senti, che cosa _______________ della tua situazione lavorativa?
- ■ Mi _______________ guadagnare di più.
- Allora in bocca al lupo e grazie per le risposte.
- ■ Crepi il lupo!

3 | Leggi il forum e seleziona le opzioni corrette tra quelle **evidenziate**.

Salve, mi chiamo Rita e ho 24 anni. Da circa un mese sto attraversando **un colloquio / periodo difficile**: mi sento ansiosa e piango spesso. Tutto questo perché **mi interessa / odio** il mio lavoro. Passo otto ore della mia vita in un ufficio **da sola / coi colleghi**, non vedo quasi mai nessuno, neanche durante **la pausa pranzo / il concorso**. Per fortuna faccio diverse **qualifiche / telefonate** durante la giornata, almeno parlo con qualcuno! All'inizio, tre anni fa, la cosa non **mi disturbava / non mi appassionava**, ma ora non ne posso più. Non ho il coraggio di prendere **un contratto / una decisione**. Devo **guadagnare / licenziarmi**? E se poi capisco di aver fatto una scelta sbagliata? E se non trovo un altro **lavoro / dipendente**? Vi prego, datemi un consiglio: devo rischiare e **fare / dare** le dimissioni, o devo prima trovare un'altra occupazione?

Ciao! Ho vissuto il tuo stesso problema... Posso darti un consiglio? Cerca di **cambiare / assumere** il prima possibile. Per cinque anni ho fatto un lavoro che non mi **soddisfaceva / bisognerebbe** per niente. Alla fine mi hanno anche **inviata / licenziata**! Adesso lavoro in un'altra **festività / azienda**, purtroppo ho uno **stipendio / contratto** basso, ma finalmente passo le mie giornate con colleghi **precari / simpatici** e **mi occupo / ci metto** di progetti interessanti. Vale la pena provare a cambiare! Alba

adattato da *www.lavoro.alfemminile.com*

4 | Leggi il testo, poi sotto indica le dichiarazioni del candidato che potrebbero andare bene o no durante un colloquio di lavoro.

Come rispondere a cinque tipiche domande nei colloqui di lavoro

In generale i reclutatori apprezzano le risposte sintetiche e senza esitazioni.

1. Mi parli di sé.
Consigliato: parlare della propria carriera e dei propri risultati professionali.
Sconsigliato: parlare di hobby e abitudini personali.

2. Perché vorrebbe lavorare con noi?
Consigliato: il candidato deve dimostrare di essere ben documentato sulle attività dell'azienda.
Sconsigliato: indicare immediatamente lo stipendio che si desidera.

3. Qual è il suo punto debole?
Consigliato: rispondere con sincerità, tutti hanno qualche difetto.
Sconsigliato: indicare un difetto falso o dire che non si hanno difetti.

4. Come si vede tra 5 anni?
Consigliato: mostrare ambizione, dire che si desidera crescere professionalmente.
Sconsigliato: indicare obiettivi irrealizzabili, molto difficili da raggiungere.

5. Perché desidera lasciare l'azienda in cui lavora adesso?
Consigliato: mostrare entusiasmo per la posizione offerta, evidenziare la voglia di seguire una strada nuova.
Sconsigliato: parlare male dell'attuale datore di lavoro, lamentarsi dell'impiego che si vuole lasciare.

adattato da *www.studenti.it*

	☺	☹
1. "So che la vostra azienda ha recentemente aperto una sede in Polonia."	☐	☐
2. "Un giorno mi piacerebbe avere un ruolo di rilievo nella vostra azienda."	☐	☐
3. "Sinceramente tutti mi hanno sempre detto che ero il collega ideale."	☐	☐
4. "Sarei felice di fare un'esperienza nuova con voi."	☐	☐
5. "Vado a sciare tutti gli anni, mi piacciono gli sport estremi, sono una persona avventurosa."	☐	☐
6. "Devo ammettere di essere una persona abbastanza ansiosa."	☐	☐
7. "Sono sicuro che grazie a me in pochi mesi questa azienda diventerà il leader mondiale del settore."	☐	☐
8. "Mi piacerebbe lavorare qui perché l'azienda dove lavoro ora non mi valorizza per niente."	☐	☐
9. "In tre anni ho procurato nuovi clienti alla mia azienda e ho gestito progetti innovativi nel settore."	☐	☐
10. "Innanzi tutto mi piacerebbe sapere quanto sarò pagato per questo lavoro."	☐	☐

1 | Prima di guardare il video, scegli l'opzione corretta per completare gli spazi bianchi nelle immagini. Poi guarda il video e controlla la soluzione.

a.

_______ DI LAVORO
A TEMPO DETERMINATO
A TEMPO INDETERMINATO
A PROGETTO

contratto / diploma

b.

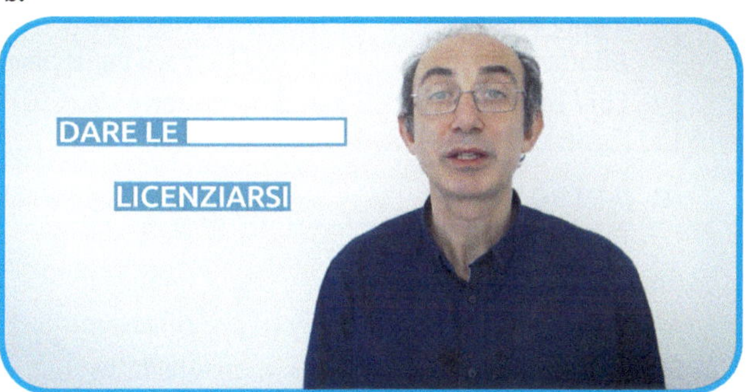

disoccupazioni / dimissioni

c.

disoccupato / autonomo

d.

cuori / cervelli

2 | Vero o falso?

		VERO	FALSO
a.	*Assumere* è un sinonimo di *licenziare*.	☐	☐
b.	La parola *stipendio* indica i soldi che ricevo all'inizio del mese.	☐	☐
c.	La parola *ferie* ha lo stesso significato di *vacanze*.	☐	☐
d.	*Licenziarsi* significa *dare le dimissioni*.	☐	☐
e.	I *disoccupati* sono le persone che non hanno lavoro.	☐	☐

3 | Completa la trascrizione con le parole della lista. Poi guarda il video e controlla la soluzione.

firma | lavoratore | migliore | contratto | grandi | assumere | grande | contrario | lavoratore | mondo

a. Quando eravamo bambini dicevamo: "Da _______________ farò l'astronauta!" Poi diventiamo _______________ ed entriamo nel vero _______________ del lavoro, che ha parole anche difficili, come *assunzione*, da "_______________", cioè prendere una persona a lavorare. Questa persona _______________ un contratto di lavoro.

b. Il _______________ di *assunzione* è *licenziamento*, ma posso anche dare io le dimissioni. In questo caso sono io che mi licenzio perché forse ho trovato un lavoro _______________. Il lavoro può essere di tipo dipendente o autonomo. Il _______________ dipendente è chi ha qualcuno che lo ha assunto. Il _______________ autonomo è per esempio un avvocato, che non ha firmato nessun _______________ e lavora per sé.

Tutti i video di **italiano in pratica** *sono su* **'ALMA.tv**

www.alma.tv

DESCRIVERE LA PERSONA CHE CI PIACE

domande

?
Allora? Racconta!
Voglio sapere tutto!
Allora, che tipo è?
Lui / Lei com'è?

risposte

Ha uno sguardo intenso.
Ha una voce suadente.
Lo / La trovo bellissimo/a.
È molto carino/a.

È affascinante / seducente / irresistibile.
È bruttino/a, ma a me piace.
Non è bello/a, ma è un tipo.
È proprio il mio tipo!

la personalità

timido	espansivo	impulsivo	dolce / tenero	deciso	egoista
estroverso	freddo	riflessivo	duro	indeciso	altruista
serio	impacciato	ingenuo	allegro	nervoso	sincero
spiritoso	sicuro di sé	malizioso	triste	tranquillo	bugiardo

le parole dell'amore

frequentarsi	Da qualche tempo frequento una ragazza che mi piace molto.
innamorarsi	Mi sono innamorata del mio migliore amico!
mettersi insieme	Io e Flavio ci siamo messi insieme un anno fa.
stare insieme	Da quanto tempo tu e Veronica state insieme?
separarsi / lasciarsi	Silvia e Nico si sono separati / lasciati perché litigavano in continuazione.

DIMOSTRARE APPREZZAMENTO PER QUALCUNO

Sto veramente bene con te.
Con te il tempo vola!
Con te mi sento a mio agio.

Con te riesco a parlare apertamente.
Con te posso essere me stesso/a.
Mi piaci tanto!

Ti trovo una persona molto stimolante.
Da tanto tempo non mi divertivo così.

DICHIARARE I PROPRI SENTIMENTI

Mi sono innamorato/a di te.
Sono pazzo/a di te.
Ho preso una bella cotta.

Ti amo.
La mia vita senza di te non ha senso.
Ho avuto un colpo di fulmine!

Ho perso la testa per te.
È stato amore a prima vista.

METTERE FINE A UNA RELAZIONE

Forse è meglio che ci lasciamo.
Questa relazione non funziona.
Non siamo fatti l'uno per l'altra.

Non me la sento di andare avanti.
Mi dispiace, ma per me è finita.
Non sono più innamorato/a di te.

Non ti sopporto più.
Non voglio vederti mai più.

DESCRIVERE LA PERSONA CHE CI PIACE

1 | Sottolinea l'opzione corretta tra quelle **evidenziate**.

a. • Allora, Giovanni, com'è la ragazza con cui sei uscito?
■ Guarda, è proprio **il mio tipo / il mio esempio**!

b. • Maria, dimmi un po': com'è questo Danilo?
■ **Carino / Bruttino**, ma a me piace.

c. • Com'è il tuo nuovo ragazzo? Racconta!
■ È fantastico, ha uno sguardo **nervoso / intenso**, non è per niente **timido / estroverso**, parla con tutti e con me è dolcissimo.

d. • Racconta, che tipo è questa Valeria?
■ Guarda, è un po' timida e **impacciata / sicura di sé**, però mi piace tanto.
• Ma è bella?
■ No, non direi veramente bella, però ha un modo particolare di muoversi e parlare: una donna veramente **egoista / affascinante**.

e. • Mi hanno detto che sei uscita con Fabio!
■ Sì, ma durante la serata non ha detto una parola.
• Forse è semplicemente una persona **spiritosa / riflessiva**.
■ Macché, per me è solo molto **freddo / allegro**.

QUALCOSA IN PIÙ
Il verbo dire all'imperativo informale con i pronomi indiretti mi e ci si coniuga così:
dimmi = *di' a me* **dicci** = *di' a noi*

2 | Scegli l'opzione corretta.

Una persona che:	è:
1. ama dimostrare l'affetto che prova	a. fredda b. espansiva
2. prende decisioni senza riflettere	a. impulsiva b. tranquilla
3. non riesce mai a prendere decisioni	a. dura b. indecisa
4. sa affascinare la gente	a. ingenua b. seducente
5. non perde mai la calma	a. bugiarda b. tranquilla
6. pensa prima agli altri e poi a sé	a. altruista b. egoista
7. dice sempre la verità	a. sincera b. riflessiva
8. crede a tutto quello che racconta la gente	a. ingenua b. maliziosa

3 | Completa gli aggettivi della prima colonna con i sinonimi della lista, come nell'esempio. La terza colonna con i contrari può aiutarti a trovare la soluzione.

nervoso | allegro | spiritoso | deciso | espansivo | ~~malizioso~~ | sincero | impulsivo | estroverso | impacciato

aggettivo	sinonimo	contrario
socievole		timido
scherzoso		serio
affettuoso		freddo
goffo		sicuro di sé
istintivo		riflessivo
furbo	*malizioso*	ingenuo
gioioso		triste
determinato		indeciso
agitato		tranquillo
onesto		bugiardo

DIMOSTRARE APPREZZAMENTO PER QUALCUNO

1 | Completa i dialoghi con le parole della lista.

apertamente | tempo | vola | serata | agio | stesso

a. • Ti sei divertita stasera, spero.
■ Sì... È un po' che volevo dirti che con te mi sento veramente a mio _______________.

b. • Ti è piaciuto il film?
■ Sì, ma soprattutto mi è piaciuto passare del tempo con te... Con te sto molto bene perché posso essere me _______________.

c. • Allora ciao, grazie della bella _______________.
■ Grazie a te, da tanto _______________ non mi divertivo così tanto.

d. • Sono stato molto bene stasera.
■ Anche io... Ma è già mezzanotte! Con te il tempo _______________, non ci posso credere!

e. • Non ho mai conosciuto una persona con cui poter parlare _______________ come con te.
■ Mi fa piacere.

2 | Indica con una X la reazione logica.

1. Luciana, a volte con te non mi sento per niente a mio agio.
   ☐ a. Mi dispiace molto, come mai?
   ☐ b. Anche io sto bene con te.
2. A volte non mi sembri sincero con me.
   ☐ a. Infatti con te parlo sempre apertamente.
   ☐ b. Non è vero, con te sono sempre me stesso.
3. Mi sembra di stare con te da pochi giorni!
   ☐ a. Perché non sei te stesso?
   ☐ b. Anche a me, il tempo vola!
4. Sto veramente bene con te.
   ☐ a. Anche tu mi piaci tanto.
   ☐ b. Com'è il tuo tipo?
5. Ti trovo una persona molto stimolante.
   ☐ a. Anche tu sei molto bruttino.
   ☐ b. Anche tu sei molto affascinante.

3 | Abbina le frasi alle reazioni appropriate.

1. Sto veramente bene con te.
2. Mi piaci tanto.
3. Con te il tempo vola.
4. Non riesco a parlare apertamente con te.
5. Qual è il tuo tipo?

a. Anche tu, ma non vorrei correre troppo.
b. Come mai, ti metto a disagio?
c. Sei tu!
d. Anch'io, ma purtroppo sto con un'altra persona.
e. È vero, infatti sono già le 3 e devo andare via!

DICHIARARE I PROPRI SENTIMENTI

1 | Completa con le preposizioni corrette.

a. Ti sei innamorato __________ Federica? Ma la conosci da quindici anni!
b. Io non credevo al colpo __________ fulmine, ma appena ho visto Alessandro mi sono innamorata.
c. Con Eleonora è diverso, ho proprio perso la testa __________ lei.
d. Tra i miei genitori è stato amore __________ prima vista.
e. Ti prego, dammi una chance, sono pazzo __________ te!
f. Mi chiedi se ti amo? Ma lo sai che non posso vivere senza __________ te.

2 | Riordina le battute dei dialoghi, come negli esempi.

a. __1__ Senti, Giulio, è che volevo dirti questa cosa... Forse hai già capito cosa.
______ Io ti amo.
______ Be', anche io sono innamorato di te. È fantastico, no?
______ Ne sei proprio sicura?
______ Certo che sono sicura! Che domande fai?!
______ No, che cosa vuoi dirmi?

b. ______ Mi piace moltissimo, ho preso una bella cotta.
______ Sì, ma non è colpa mia se è stato amore a prima vista!
__1__ Allora, che mi dici di Valerio?
______ Ma se lo conosci solo da qualche giorno!
______ Mah, io al colpo di fulmine non ci credo per niente.
______ Invece ti dico che tra noi è stato così.

c. ______ Me l'ha confessato lei.
______ Ah, almeno è stata sincera.
______ Come mai? È successo qualcosa?
______ Sì, ma non so che fare, senza di lei la mia vita non ha senso.
__1__ Io e Letizia non stiamo più bene insieme.
______ E tu come lo sai?
______ No, semplicemente lei non è più innamorata di me.

QUALCOSA IN PIÙ

Per esprimere il proprio affetto verso amici e familiari si usa l'espressione **volere bene**.
Voglio molto bene a mia cugina.
Il verbo **amare** *si usa solo quando c'è o si desidera avere una relazione sentimentale con qualcuno.*
Amavo Anna da sempre e l'ho sposata nel 2000.

METTERE FINE A UNA RELAZIONE

1 | Abbina le espressioni con il loro significato.

1. frequentarsi — a. iniziare una relazione (con)
2. innamorarsi (di) — b. uscire con qualcuno
3. mettersi insieme(a) — c. interrompere una relazione
4. stare insieme (a) — d. sentirsi sentimentalmente coinvolti
5. lasciarsi — e. avere una relazione (con)

2 | Abbina l'intenzione comunicativa a sinistra con la frase appropriata a destra.

Vuoi comunicare al tuo / alla tua partner che:

1. non provi più un sentimento forte per lui / lei.
2. secondo te la decisione più giusta è mettere fine alla vostra relazione.
3. non lo / la riconosci più.
4. secondo te la vostra storia non può funzionare perché avete personalità e gusti troppo diversi.
5. ormai quando lo / la vedi, provi una sensazione di rabbia e fastidio.

Che cosa dici?

a. Credo che non siamo fatti l'uno per l'altra.
b. Non ti sopporto più!
c. Non mi sento più innamorato/a.
d. Sei diverso/a rispetto a quando ti ho conosciuto.
e. Forse è meglio che ci lasciamo.

3 | Riordina le parole fra parentesi e completa i dialoghi, come nell'esempio.

a. • Basta, questa relazione non funziona!
■ Ecco, bravo, infatti *è meglio che ci separiamo*.
(*ci che separiamo meglio è*)

b. • Da ______________________. C'è qualcosa che non va?
(*ti fredda qualche vedo tempo*)
■ Senti, la verità è che ______________________, sono stanca di questa storia.
(*avanti la di sento non andare me*)

c. • ______________________!
(*non relazione questa funziona*)
■ Sono d'accordo: ______________________!
(*più vederti non mai voglio*)

RIPASSO

1 | Completa questi pezzi di famose canzoni d'amore italiane scegliendo l'opzione corretta.

1.

Che cosa c'è - **Gino Paoli**
Che cosa c'è, c'è che ________________
di te...
C'è che io ora vivo bene, che il mondo mi appartiene, il mondo mio che è fatto solo di te...

a. mi sono innamorato b. ti amo

2.

Da quando mi hai lasciato tu - **Emma**
Da quando mi hai lasciato tu,
________________ di ogni cosa,
di rimedi non ne ho più e questa non è un'altra scusa.

a. ho perso il senso b. ho voglia di amare

3.

Mi sei scoppiato dentro al cuore - **Mina**
Mi sei scoppiato dentro al cuore all'improvviso, all'improvviso, non so perché, non lo so perché, all'improvviso, all'improvviso, sarà perché mi hai guardato ________________ ha guardato mai...

a. quando tu b. come nessuno

4.

La nostra relazione - **Vasco Rossi**
La nostra relazione ________________,
tu hai le tue ragioni ed io son forse troppo stanco...

a. è nata da poco b. oramai non ha più senso

2 | Seleziona l'opzione corretta tra quelle **evidenziate**.

La app che manda il romanticismo in pensione

Esiste una app che ormai da tempo sta rivoluzionando le **persone / relazioni** amorose. Si chiama Tinder e il suo slogan è "Tinder è come la vita reale, ma meglio!".
Con Tinder l'obiettivo è geolocalizzare una persona da **lasciare / incontrare** immediatamente nel proprio quartiere. L'app ha cinquanta milioni di utenti nel mondo, **proprio / essenzialmente** uomini e donne tra 24 e 35 anni.
Come funziona? Si crea un profilo (anonimo) e una breve biografia: **inutile / essenziale** indicare libri e film preferiti, contano solo la foto e poche altre informazioni come l'età massima e il sesso di chi si vuole incontrare. È fondamentale abilitare il GPS, altrimenti il **tutto non ha senso / il tempo vola** perché l'applicazione serve a mettervi subito in contatto con qualcuno in una zona vicino a quella dove siete voi.
Dopo la creazione del profilo, potrete vedere il catalogo fotografico di altri utenti: se qualcuno vi sembra **irresistibile / bugiardo** perché ha uno sguardo **intenso / bruttino** o vi piace per altri motivi, cliccate sul cuore verde e aspettate di vedere se anche voi siete **il tipo / voi stessi** della persona scelta. Se è così, dopo una breve chat potrete **separarvi / incontrarvi** subito. E se capite che non siete fatti l'uno per l'altra, la cosa **finisce / va avanti** lì.
Non c'è niente di male a facilitare gli incontri nelle nostre fredde megalopoli, e forse questo nuovo modo di conoscersi può essere di aiuto **agli estroversi / ai timidi**, ma così non si perde un po' di romanticismo? E si può **perdere la testa / sopportare** davanti a un semplice catalogo fotografico?

1 | Prima di guardare il video, scegli l'opzione corretta per completare gli spazi bianchi nelle immagini. Poi guarda il video e controlla la soluzione.

a.

AZZURRO

ragazzo / principe

b.

candela / corte

c.

colpo / amore

d.

matrimonio / fiori

2 | Vero o falso?

		VERO	FALSO
a.	Se hai un *colpo di fulmine*, significa che una persona ti piace dal primo istante.	☐	☐
b.	Si dice che la persona che odi di più è il tuo *principe azzurro*.	☐	☐
c.	*Perdere la testa* significa dimenticare qualcosa.	☐	☐
d.	*Affetto* ha lo stesso identico significato di *amore*.	☐	☐
e.	*Ti amo* si dice ai parenti.	☐	☐

3 | Completa la trascrizione con le parole della lista. Poi guarda il video e controlla la soluzione.

cari | amiamo | fidanzata | vogliamo | affetto | atmosfera | centro | disponibili | relazione | appuntamento

a. Cosa significa *corteggiare* o *fare la corte*? Significa essere molto gentili, _____________, fare piccoli regali finché l'altra persona avrà perso la testa per noi. Il corteggiamento comincia spesso con un _____________, magari una cena romantica, a lume di candela, cioè con una candela accesa al _____________ della tavola per rendere l'_____________ più romantica.

b. Attenzione però, perché in italiano c'è una distinzione molto importante tra *amare* e *voler bene*. Noi ___________ bene a tutte le persone della nostra famiglia, ai nostri _____________, ai nostri amici, ma ___________ solo la persona con cui abbiamo una _____________ sentimentale. È la stessa differenza fra _____________ e *amore*. Proviamo affetto per degli amici, per la famiglia, ma amiamo e quindi proviamo amore solo per la nostra ___________, o per il nostro fidanzato, il nostro partner.

INDICARE LA ZONA DOVE SI CERCA CASA

?	
Dove / In quale zona cerchi casa?	Al centro storico. / In centro. In periferia. Vicino al lavoro / alla scuola dei miei figli. In un quartiere non troppo caro.
Che tipo di zona / quartiere ti interessa?	Dev'essere una zona centrale / ben collegata / con molto verde.
Hai già in mente il quartiere?	Mi piacerebbe trovare casa in un quartiere vivace / signorile. Va bene tutto, ma non un quartiere dormitorio.

DESCRIVERE LA CASA IDEALE

?	
Qual è la casa dei tuoi sogni?	Un appartamento luminoso di 100 metri quadrati. Un attico. Una casa con la terrazza / il balcone / il giardino.
In che tipo di casa ti piacerebbe abitare?	In una mansarda. In una villa / villetta. In un palazzo elegante con l'ascensore.

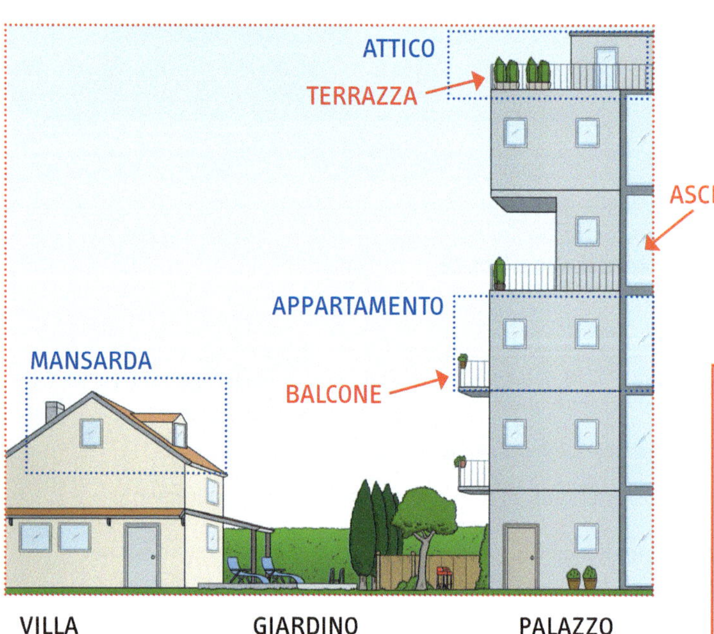

QUALCOSA IN PIÙ

*Nella lingua parlata le parole **appartamento** e **casa** possono essere sinonime. Quando si vuole indicare un'abitazione grande o indipendente, si usa la parola **villa** o **villetta**.*

QUALCOSA IN PIÙ

__Terrazza__, __terrazzo__, __balcone__: sono tre parole che hanno un significato simile. Infatti le tre parole designano uno spazio esterno all'appartamento, con alcune differenze: il __balcone__ sporge dall'edificio, mentre la __terrazza__ è integrata, cioè è sulla cima di un palazzo, sul tetto. La terrazza è scoperta; se invece ha una copertura, si chiama __terrazzo__. Terrazzo ha un diminutivo, __terrazzino__, che è uno spazio esterno coperto o scoperto.

PARLARE DELLE SPESE RELATIVE ALLA CASA

?	
Quanto paghi di affitto?	900 euro al mese, incluse / escluse le spese di condominio. Circa 700 euro, escluse le spese per la nettezza urbana e le bollette della luce e del gas.
Ogni quanto paghi il condominio?	Ogni due mesi.
Ogni quanto paghi la nettezza urbana?	È una spesa semestrale.

DESCRIVERE UN'ABITAZIONE

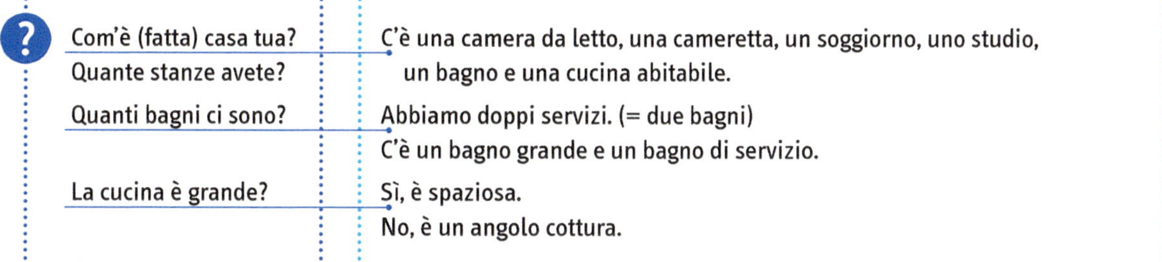

Com'è (fatta) casa tua? Quante stanze avete?	C'è una camera da letto, una cameretta, un soggiorno, uno studio, un bagno e una cucina abitabile.
Quanti bagni ci sono?	Abbiamo doppi servizi. (= due bagni) C'è un bagno grande e un bagno di servizio.
La cucina è grande?	Sì, è spaziosa. No, è un angolo cottura.

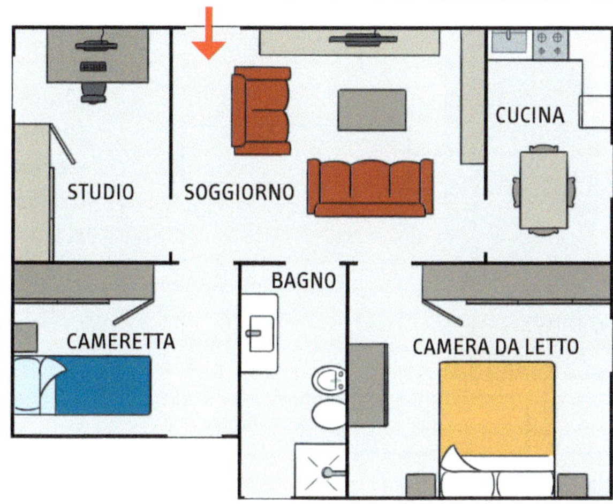

esercizi

INDICARE LA ZONA DOVE SI CERCA CASA

1 | Abbina le parti a sinistra con quelle appropriate a destra, come nell'esempio.

un quartiere:

1. con molti negozi	a. è molto verde
2. sulla linea della metropolitana	b. è signorile
3. con case e strade eleganti	c. è ben collegato
4. con molti locali	d. è vivace
5. distante dal centro storico	e. è popolare
6. con molti parchi	f. è periferico
7. con abitazioni a costo ridotto e di qualità medio-bassa → e.	g. è commerciale

2 | Leggi l'articolo e seleziona l'opzione corretta tra quelle **evidenziate**.

La Kalsa

Questo quartiere **storico / moderno** di Palermo è nato durante la dominazione islamica dell'isola (827 - 1091, seguita dalla conquista dei Normanni)): il nome deriva infatti da una parola araba che significa "la pura". Ancora oggi qui si respira una particolare **zona / atmosfera** orientale, anche grazie ai monumenti in stile arabo-normanno. Centrale e **popolare / periferico**, il quartiere si sviluppa intorno alla piazza della Kalsa e include molti tra i **affitti / monumenti** e le piazze più interessanti della città, come la monumentale **casa / chiesa** barocca di Santa Teresa alla Kalsa e Piazza Marina, nel cuore della Palermo medievale. Proprio qui si trova il **isolato / bel** giardino Garibaldi e le sue enormi, magnifiche magnolie. Il quartiere ospita inoltre il Museo internazionale delle marionette e la sua **ricca / collegata** collezione di pupi siciliani.

adattato da *www.palermo-sicilia.it*

DESCRIVERE LA CASA IDEALE

1 | Completa l'immagine con le parole della lista.

balcone | mansarda | attico | terrazza | giardino | palazzo | villa | appartamento | ascensore

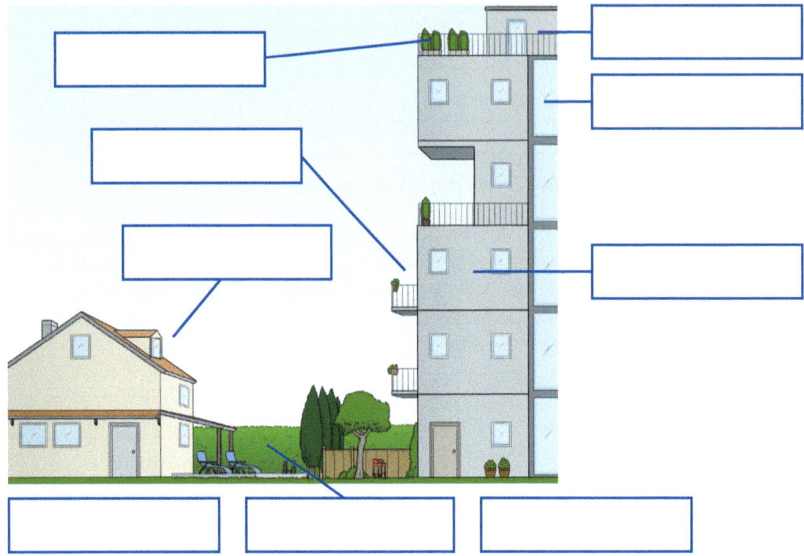

> **QUALCOSA IN PIÙ**
> *I numeri ordinali dopo decimo si formano aggiungendo il suffiso -esimo:*
> Il mio ufficio è all'**undicesimo** / al **quindicesimo** / al **ventesimo** / al **venticinquesimo piano**.

2 | Completa i dialoghi con le parole della lista.

balcone | vista | piano | silenzioso | luminoso | attico | ascensore | villetta | centro | campagna | quadrati

a. • Allora, so che hai cambiato casa! Mi hanno detto che abiti in un bell'_______________ in _______________.
■ Sì, la cosa bella è che ovviamente c'è molta luce, è veramente _______________.

b. • Che bella casa! E poi siamo in centro e malgrado il traffico da qui non si sente nulla, sembra di essere in _______________.
■ Eh, sì! Ho cercato tanto un appartamento _______________ e alla fine l'ho trovato.

c. • Ho saputo che tua madre ha preso in affitto una _______________ al mare.
■ Sì, è molto carina, c'è il giardino e ha una _______________ stupenda sul lungomare.

d. • Mario, quanto è grande il tuo _______________?
■ Più o meno 20 metri _______________.
• E a che _______________ sei?
■ Al quinto. Purtroppo però non ho l'_______________!

> **QUALCOSA IN PIÙ**
> *Due suffissi molto comuni che si usano per dare il significato di "piccolo" sono* **-ino** *ed* **-etto**.
> *appartamento → appartament***ino**
> *villa → vill***etta**
> *casa → cas***etta**
> *giardino → giardin***etto**

3 | Trova nel crucipuzzle le parole corrispondenti alle definizioni.

Un piccolo appartamento = _______________
Un piccolo terrazzo = _______________
Un piccolo giardino = _______________
Un piccolo balcone = _______________
Una piccola casa = _______________
Una piccola villa = _______________

Q	E	C	E	R	F	A	I	V	H	M	C	E	T
S	B	A	L	C	O	N	C	I	N	O	R	I	E
D	R	S	N	E	T	T	O	L	U	D	S	O	R
P	R	E	K	L	C	A	L	L	O	S	T	I	R
I	N	T	E	S	Z	I	O	E	N	B	O	G	A
S	O	T	T	I	N	E	T	T	O	I	N	O	Z
G	I	A	R	D	I	N	E	T	T	O	E	P	Z
Z	E	R	D	I	S	T	E	A	D	I	S	T	I
R	P	E	S	V	I	O	S	V	U	T	C	H	N
A	P	P	A	R	T	A	M	E	N	T	I	N	O

PARLARE DELLE SPESE RELATIVE ALLA CASA

1 | Leggi il testo, poi abbina le espressioni equivalenti nello schema sotto, come nell'esempio.

Per l'affitto di casa mia pago 550 euro mensili, poi ci sono le spese: per l'acqua e il condominio pago intorno ai 120 euro a bimestre, per la luce più o meno 70 euro a trimestre e per la nettezza urbana sui 120 euro semestrali. Per internet invece pago 45 euro a bimestre.

QUALCOSA IN PIÙ

Le **spese di condominio** *(o* **condominiali***) comprendono in generale la pulizia delle scale del palazzo, lo stipendio del portiere (se c'è), l'illuminazione degli spazi comuni, l'ascensore, ecc.*
La nettezza urbana è una tassa sui rifiuti che tutti devono pagare ogni anno.
La **luce***, il* **gas** *e spesso il* **riscaldamento** *sono spese che dipendono dal consumo individuale: la loro somma è indicata nelle bollette, che tutti ricevono su carta o online.*

1. spesa che si paga ogni mese → c	a. spesa che si paga due volte all'anno	A. trimestrale
2. spesa che si paga ogni due mesi	b. spesa che si paga 4 volte all'anno	B. semestrale
3 spesa che si paga ogni tre mesi	c. spesa che si paga 12 volte all'anno → D	C. bimestrale
4. spesa che si paga ogni sei mesi	d. spesa che si paga 6 volte all'anno	D. mensile

2 | Leggi gli annunci immobiliari, poi abbinali con il profilo corrispondente sotto.

1. Affittasi bilocale, 55 mq, luminosissimo, in palazzo signorile, con portiere e ascensore, garage e posto moto/bici. Giardino condominiale. Euro 700 più spese condominiali e di riscaldamento (100 €). Zona ben collegata dai mezzi pubblici.

3. Centro storico, affitto camera all'interno di un appartamento al 5° piano, senza ascensore, cucina e bagno in comune. La camera è grande circa 25 mq, luminosa, con un balcone che dà sulla strada principale; 350 euro al mese, compreso internet.

2. Affittasi posto letto in ampia e luminosa camera doppia, in zona tranquilla vicino alla facoltà di architettura e alla stazione, appartamento da condividere con altri studenti di architettura, posto bici, 200 euro mensili.

4. Zona centrale, accanto alla metropolitana, affittasi elegante appartamento di 4 stanze, ristrutturato da poco, al quarto piano senza ascensore. Ampia terrazza con vista panoramica. Disponibile da subito. Euro 1000/mese.

a. **Fulvio e Beatrice** sono una coppia di avvocati con 2 figli adolescenti. Hanno un buono stipendio e nessun problema di budget. Devono cambiare casa urgentemente. ☐

b. **Saverio** è un giovane studente di medicina: di giorno lavora in ospedale e di sera studia per prendere la specializzazione in radiologia. Sta cercando una sistemazione con altre persone, studenti o lavoratori. Vorrebbe avere un balcone o una terrazza perché ama occuparsi delle sue piante. ☐

c. **Ilaria e Giacomo** sono una giovane coppia di lavoratori. Per scelta ecologica si spostano solo a piedi, in bici o con i mezzi pubblici. Stanno cercando un appartamento di due stanze con ascensore perché Ilaria è incinta e finché il bambino sarà piccolo sarà difficile fare le scale a piedi. ☐

d. **Teresa** è una giovane studentessa universitaria. Studia in una città diversa da quella in cui è nata, ma torna a casa sua molto spesso con il treno: a volte dorme dai suoi genitori e la mattina dopo va a lezione. Ancora non lavora e ha un budget mensile molto basso. ☐

DESCRIVERE UN'ABITAZIONE

1 | Rispondi alle domande e indica i vari ambienti della casa, come nell'esempio.

1. In quale ambiente della casa si dorme?
   In camera da letto ☒ F
2. Come si chiama la stanza dove dormono i bambini?
   ______________________ ☐
3. Come si chiama la piccola stanza dove si lavora o si studia?
   ______________________ ☐
4. Qual è l'ambiente dove si ricevono gli ospiti?
   ______________________ ☐
5. In quale ambiente ci si lava?
   ______________________ ☐
6. Dove si prepara da mangiare?
   ______________________ ☐

2 | Dove si trovano questi elementi?

	in camera da letto	in cucina	in bagno	in soggiorno
1.	☐	☐	☐	☐
2.	☐	☐	☐	☐
3.	☐	☐	☐	☐
4.	☐	☐	☐	☐
5.	☐	☐	☐	☐
6.	☐	☐	☐	☐
7.	☐	☐	☐	☐

3 | Leggi il testo e completalo con le parole della lista.

lavabo | vasca da bagno | doppi servizi | ampio | ambiente
angolo cottura | tavolo | cucina | bagno di servizio | stanza

Nelle case di oggi, mediamente più piccole di quelle dove si viveva una volta, soggiorno e ______________ sono spesso uniti in un unico ______________. Qui troviamo il divano, la libreria, il ______________ e altri mobili tipici da soggiorno. Su un lato della ______________ si trova tutto quello che serve a cucinare, come la macchina a gas: questa zona si chiama "______________".
Ma se si ha ancora la fortuna di abitare in un appartamento ______________ e dotato di diversi ambienti, di solito si dispone di due bagni: quello più grande può avere la ______________, mentre il ______________ ha spesso la doccia o solo un ______________ e il water. Quando i bagni sono due si parla di "______________".

QUALCOSA IN PIÙ

In Italia gli ***affitti*** *variano molto: le grandi città sono più care dei piccoli centri e in generale il nord è più costoso del sud. Le città dove costa di più affittare una casa sono Milano, Roma, Firenze e Venezia.*

RIPASSO

1 | Abbina le parole a sinistra con quelle a destra e forma delle espressioni.

1.	quartiere	a.	panoramica
2.	metri	b.	cottura
3.	angolo	c.	terra
4.	centro	d.	condominiali
5.	doppi	e.	quadrati
6.	spese	f.	storico
7.	piano	g.	dormitorio
8.	vista	h.	servizi

2 | Abbina le domande a sinistra con le risposte a destra e forma dei dialoghi.

1. Quanto paghi di affitto?
2. Ogni quanto paghi il condominio?
3. In che tipo di casa ti piacerebbe abitare?
4. Hai già in mente il quartiere dove cercare casa?
5. Quanti bagni ci sono a casa tua?

a. Veramente no, tu mi consigli una zona in particolare?
b. In un appartamento al piano terra, così avrei il giardino!
c. Purtroppo ce n'è solo uno piccolo e senza vasca.
d. Ogni due mesi.
e. 630 euro al mese incluse le spese.

3 | Completa il dialogo con le parole della lista.

panoramica | intorno | luce | centro | compreso | affitto | spese condominiali | casa | appartamento | luminoso

- Allora, mi hanno detto che hai preso una ____________________ nuova!
- Sì, un ____________________ in ____________________, niente di troppo signorile, ma a me piace, è ____________________ e ha una bellissima vista ____________________.
- Grande! E l'hai comprato?
- Ma no! Magari! L'ho preso in ____________________, pago 700 euro al mese.
- Tutto compreso?
- No, sono comprese le ____________________ e internet, mentre la ____________________, il gas e l'acqua li devo pagare io.
- Beh, comunque non è male; e alla fine quanti paghi in tutto?
- Alla fine tutto ____________________ pago ____________________ agli 850 euro al mese.
- Eh, non è poco...!

Vai a pagina 133
e fai la parte B del Test 2

1 | Prima di guardare il video, scegli l'opzione corretta per completare gli spazi bianchi nelle immagini. Poi guarda il video e controlla la soluzione.

a.

APPARTAMENTO
METRI ______

umidi / quadrati

b.

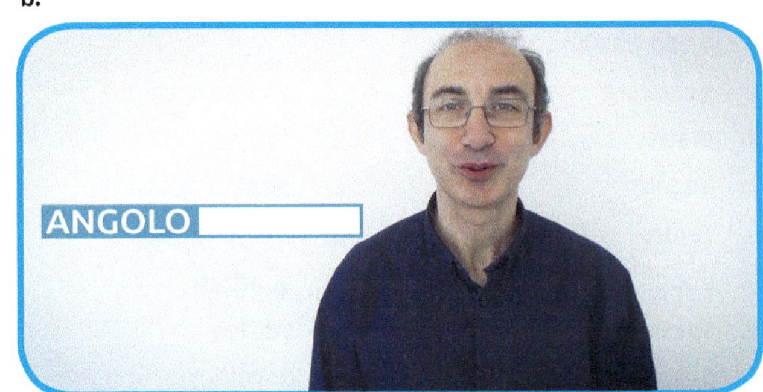

cottura / panorama

c.

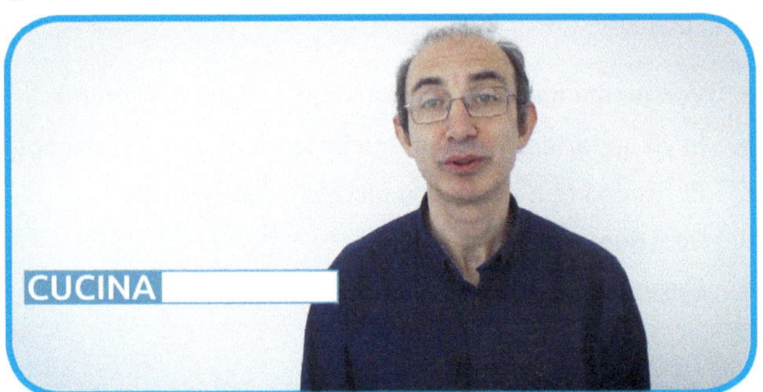

abitabile / stanza

d.

culturale / condominiali

2 | Vero o falso?

		VERO	FALSO
a.	La mansarda si trova all'ultimo piano.	☐	☐
b.	Nella cucina abitabile c'è abbastanza spazio per il tavolo.	☐	☐
c.	Per gli italiani è essenziale avere un bagno grande come la cucina.	☐	☐
d.	Un condominio è un grande appartamento dove vivono molte persone.	☐	☐
e.	Non in tutti i condomini c'è un portiere.	☐	☐

3 | Completa la trascrizione con le parole della lista. Poi guarda il video e controlla la soluzione.

piano | manca | sedie | vero | palazzi | spazio | comune | cucina | soggiorno | posta

a. Sempre più spesso ____________ e cucina sono nello stesso ambiente. In questo caso non parliamo di ____________, ma di angolo cottura. Se invece la cucina è una stanza a parte con lo ____________ per tavolo e ____________, allora si parla di cucina abitabile. Infine il bagno: nei bagni italiani non ____________ mai il bidet e per un italiano non trovare il bidet in un bagno è un ____________ e proprio shock culturale!

b. In alcuni ____________ c'è il portiere, cioè una persona che abita al ____________ terra accanto al portone e prende la ____________, si occupa di vari problemi che ci possono essere nel condominio; il condominio è lo spazio ____________ dove vivono tutti gli abitanti del palazzo.

Tutti i video di italiano in pratica *sono su* 'ALMA.tv

www.alma.tv

1 | Completa i dialoghi con le parole della lista.

grandi | stanno | volevo | provarle | vetrina | vengono | preferisco | strette | piacciono | numero

- ● Buongiorno, signore, posso aiutarLa?
- ■ Buongiorno, _______________ vedere le scarpe nere in _______________.
- ● Prego, si accomodi. Che _______________ porta?
- ■ Il quarantatré.
- ● Bene, arrivo subito. [...] Eccole qui.
- ■ Posso _______________?
- ● Ma certo, prego. Ecco. [...] Come Le stanno?
- ■ Forse un po' _______________, è proprio un quarantatré?
- ● Sì. Più _______________ di questo modello non le ho, però ci sono queste qui, un po' più sportive.
- ■ Ok, provo anche queste altre. [...] Ecco, queste mi _______________ bene. Però _______________ qualcosa di più classico.
- ● Più classico, del Suo numero... Dovrei avere qualcosa che fa per Lei. Un attimo solo.
- ■ Ok.

[...]

- ● Provi questo modello.
- ■ Sì, queste mi _______________ molto. Quanto _______________?
- ● 210 euro.
- ■ Un po' care, ma sono belle. Le prendo.

Ogni parola al posto giusto: 1 punto. Totale: ____/10

2 | Completa le frasi con i nomi di animali appropriati.

1. Devi dire tutta la verità, sputa il ____________.
2. Guarda, avevo così paura che avevo la pelle d'____________.
3. Alla festa eravamo veramente quattro ____________, è stato noiosissimo.
4. Devi uscire, vedere qualcuno, non puoi essere così ____________!
5. Susanna è sempre stata la ____________ nera della famiglia.
6. Stia tranquilla, signora, suo figlio è sano come un ____________.
7. Oggi mio marito non è andato a lavorare, ha una febbre da ____________.
8. Odio l'estate: tutti i miei amici partono e io in città sono solo come un ____________.

Ogni completamento corretto: 1 punto. Totale ____/8

3 | Che cosa dici in queste situazioni? Abbina le situazioni a sinistra con le frasi a destra. Devi anche completare le frasi a destra con le parole della lista.

piscina | silenziose | parcheggio | connessione | animali

1. Hai un cane e viaggi sempre con lui.
2. Hai una macchina nuova e molto costosa.
3. Sei un tipo molto sportivo e ami molto nuotare.
4. Hai difficoltà a dormire a causa del rumore.
5. Devi lavorare in teleconferenza.

a. C'è una _______________ nell'albergo?
b. C'è una buona _______________ wi-fi?
c. Senta, gli _______________ sono ammessi?
d. Avete un _______________ interno?
e. Le camere sono _______________?

Ogni parola al posto giusto: 1 punto; ogni abbinamento corretto: 1 punto. Totale ____/10

4 | Completa le parole con la parte mancante. Le prime lettere delle parole sono già presenti.

- Senti, Mario, sei mai stato a Perugia?
- Sì, ci sono andato molte volte, perché?
- Io vor______ andarci nel fine settimana, ti andre______ di venire?
- Vera______ un viaggio a Perugia non mi entu_______ molto, perché in______ non andiamo alla mostra sugli impressionisti?
- Ma possiamo vederla sabato prossimo! E poi conosco un ristorante nel centro di Perugia dove si mangia benissimo, fid______!
- E va bene, come ci organi________?
- Ti passo a prendere in macchina la mattina presto, facc_________ verso le sei?
- Ok.

Ogni completamento corretto: 0,5 punti.	Totale: _____/4

5 | Cancella la frase non logica.

1. La sai l'ultima? Mamma va in vacanza a Parigi con Pino.
   a. Ah, non lo sapevo.
   b. Volevo dirti una cosa.
2. Ha saputo quello che è successo ieri?
   a. Che peccato!
   b. No, mi racconti.
3. Scusa, Marco, ma sono un po' in ritardo.
   a. Che fortuna!
   b. Come al solito.
4. Volevo dirti una cosa.
   a. Racconta!
   b. Che guaio!
5. Purtroppo non ho passato il test.
   a. Grandioso!
   b. Che peccato!
6. Ma sei sicuro?
   a. Non ho parole.
   b. L'hanno detto in TV.
7. Che taglia ha?
   a. La 42.
   b. Di lana.
8. Ti va di andare al cinema?
   a. Ne vorrei un po'.
   b. Perché no?

Ogni scelta corretta: 1 punto.	Totale _____/8

6 | Completa le frasi con i pronomi combinati.

a.
- Ma chi ha detto a papà che non siamo andati a scuola?
- ___________ ha detto sicuramente la professoressa di matematica.

b.
- Sai che Rosanna ha trovato lavoro in Germania?
- Ma certo! ___________ ho detto proprio io due giorni fa!
- Ah sì? Non mi ricordavo...!

c.
- Sapevi che Francesca ha lasciato Antonio?
- Sì, ____________ ha detto Antonio ieri, era veramente triste.

d.
- Siete sicuri che oggi c'è sciopero? Chi ____________ ha detto?
- Lo abbiamo sentito stamattina alla radio.

e.
- Come fa Marina a sapere che il nonno è in ospedale? Non era a scuola?
- _____________ ho detto io, le ho mandato un messaggio sul cellulare.

Ogni completamento corretto: 2 punti.	Totale _____/10

PUNTEGGIO TOTALE PARTE A: ____/50

1 | Chi dice queste frasi? Il cameriere (scrivi CA accanto alla frase), o il cliente (scrivi CL)?

1. Buonasera, signori. (__)
2. Freschissima, fatta oggi. (__)
3. Vorremmo ordinare. (__)
4. Ha scelto? (__)
5. Per primo che cosa avete? (__)
6. Sì, il nostro gelato è vegano. (__)
7. Tutto buonissimo, grazie. (__)
8. Devo controllare, forse ne è rimasta una. (__)
9. Che c'è di buono oggi? (__)
10. Lo porto subito. (__)

Ogni scelta corretta: 0,5 punti. Totale: ____/5

2 | Abbina le espressioni a sinistra con gli aggettivi a destra che hanno lo stesso significato.

1. delizioso
2. per niente tenero
3. cucinato per troppo tempo
4. non gustoso
5. molto buono
6. per niente caldo

a. scotto
b. ottimo
c. duro
d. freddo
e. sciapo
f. squisito

Ogni abbinamento corretto: 1 punto. Totale: ____/6

3 | Completa il dialogo con le parole della lista.

bisogna | smettere | riesco | respirare | decina | specialista | tutto | fastidio | costante | mando | fa

- ● Buonasera, signora Palli, mi dica ______________.
- ■ Mah, dottore, non ______________ a ______________ bene e poi mi ______________ un po' male la testa, continuamente.
- ● Hm, quando è iniziato questo ______________ ?
- ■ Una ______________ di giorni fa.
- ● Ed è un dolore ______________ ?
- ■ Sì.
- ● Hm, ______________ fare delle analisi e poi la ______________ da uno ______________ per un esame più accurato. Però, signora Palli, come Le dico sempre, dovrebbe ______________ di fumare.
- ■ Lo so, lo so, dottore.

Ogni parola al posto giusto: 1 punto. Totale: ____/11

4 | Completa il dialogo con le domande della lista.

- Qual è il tuo sogno?
- Di che ti occupi?
- Che contratto hai?
- Ti piacerebbe cambiare lavoro?
- Che orario fai?
- Hai ferie?
- Quanto ci metti per arrivare al lavoro?

- ● ______________________________
- ■ Faccio il medico.
- ● ______________________________
- ■ Sono un lavoratore autonomo.
- ● ______________________________
- ■ Sì, quattro settimane all'anno.
- ● ______________________________
- ■ È molto flessibile, varia ogni settimana.
- ● ______________________________
- ■ Una ventina di minuti.
- ● ______________________________
- ■ No, amo questa professione.
- ● ______________________________
- ■ Avere un contratto a tempo indeterminato in un ospedale pubblico.

Ogni domanda al posto giusto: 1 punto. Totale: ____/7

5 | Abbina gli aggettivi ai loro contrari.

1. timido
2. allegro
3. altruista
4. nervoso
5. bugiardo
6. impulsivo
7. spiritoso
8. freddo

a. egoista
b. espansivo
c. estroverso
d. triste
e. serio
f. tranquillo
g. sincero
h. riflessivo

Ogni abbinamento giusto: 1 punto. Totale: ____/8

6 | Scegli l'opzione corretta tra quelle **evidenziate**.

1. Ho preso una bella **cotta / relazione** per te.
2. Tra di noi non funziona, forse è meglio **girare la testa / se ci lasciamo**.
3. Sono **goffo / pazzo** di te.
4. Ti **amo / voglio bene** come un amico.
5. Forse non siamo fatti **l'uno per l'altra / l'altra per l'uno**.
6. Con te mi sento veramente a mio **agio / comodo**.

Ogni scelta corretta: 1 punto. Totale: ____/6

7 | Guarda le immagini e rispondi alle domande.

a. 

b. 

c. 

d. 

e. 

f. 

1. Qual è la camera da letto? ______
2. Qual è la camera dei ragazzi? ______
3. Qual è il bagno?______
4. Qual è la cucina abitabile? ______
5. Qual è l'angolo cottura? ______
6. Qual è lo studio? ______

Ogni risposta corretta: 0,5 punti. Totale: ____/3

8 | Completa le parole con la parte mancante. Le prime lettere delle parole sono già presenti.

Affittasi app____________ di quattro st___________: un sog___________, due camere da letto e uno studio. Con due balconi, cucina ab___________. Zona ben coll__________ e palazzo sign__________ con ascensore. Affitto men________ di 1000 euro, sp___________ incluse.

Ogni completamento corretto: 0,5 punti. Totale: ____/4

PUNTEGGIO TOTALE PARTE B: ___/50

PUNTEGGIO COMPLESSIVO: ___/100

LEZIONE 1

	NELLA TUA LINGUA
SALUTARE	
Ciao!	
Salve!	
Buongiorno!	
Buonasera!	
Buonanotte!	
Arrivederci!	
Buona giornata!	
Buona serata!	
A domani!	
A presto!	
A dopo!	

LEZIONE 2

	NELLA TUA LINGUA
PRESENTARSI	
Come ti chiami?	
Mi chiamo...	
Ti presento...	
(Molto) Piacere	
CHIEDERE COME STAI	
Come stai? Come sta?	
Come va?	
Benissimo	
(Tutto) Bene, e tu? (Tutto) Bene, e Lei?	
Tutto a posto	
Così così	
Non c'è male	

LEZIONE 3

	NELLA TUA LINGUA
INVITARE	
Vuoi un caffè? Vuole un cappuccino?	
Prendi una birra? Prende un caffè?	
Prendiamo un aperitivo?	
Ti va un caffè?	
OFFRIRE	
Ti offro un caffè?	
Grazie, volentieri.	
No, grazie, magari un'altra volta.	
Non fare complimenti!	
ORDINARE E PAGARE	
Vorrei un panino, per favore.	
Quant'è?	
Quanto pago?	
Tenga.	
Grazie mille.	
Di niente.	
Non c'è di che.	

LEZIONE 4

	NELLA TUA LINGUA
CHIEDERE L'ORA	
Che ore sono? / Che ora è?	
Scusa, sai dirmi l'ora? Scusi, sa dirmi l'ora?	
Puoi dirmi che ore sono? Può dirmi che ore sono?	
PRENDERE UN APPUNTAMENTO	
Sei libero alle cinque di pomeriggio? È libera alle nove di mattina?	
A che ora sei libero/a?	
Purtroppo non posso, ho un impegno.	
INFORMARSI SUGLI ORARI	
A che ora apre la banca?	
Fino a che ora sono aperti i negozi?	
Che orario fa il supermercato?	

LEZIONE 5

	NELLA TUA LINGUA
CHIEDERE LA DATA	
Che giorno è oggi?	
Quanti ne abbiamo oggi?	
Oggi è martedì, 13 febbraio 2017.	
Il 21 marzo inizia la primavera.	
AVVERBI E PREPOSIZIONI DI TEMPO	
Io e Marta giochiamo a tennis il martedì.	
Generalmente in inverno non gioco a tennis.	
Lo scorso mese sono andato a Berlino per lavoro.	
Il mese prossimo devo andare a Milano per lavoro.	
Non uso mai l'autobus.	
Vado in piscina raramente.	
Qualche volta mi metto la cravatta.	

LEZIONE 6

	NELLA TUA LINGUA
CHIEDERE INFORMAZIONI STRADALI	
Scusi, sa dov'è Corso Italia?	
Lo stadio è lontano?	
C'è una farmacia qui vicino?	
DARE INFORMAZIONI STRADALI	
Deve andare sempre dritto fino al semaforo...	
Prende la prima a destra e poi va dritto.	
Attraversa la piazza e poi gira a destra.	
Cammina per 200 metri e poi gira a sinistra.	
Mi dispiace, non sono di qui.	

LEZIONE 7

	NELLA TUA LINGUA
CHIEDERE DEL TEMPO	
Che tempo fa?	
Com'è il tempo da te?	
Cosa dice il meteo per domani?	
Come sono le previsioni per il fine settimana?	
DIRE CHE TEMPO FA	
È bello e fa caldo.	
Fa freddo e piove.	
C'è nebbia.	
Nevica.	
Tira vento.	
ESPRESSIONI IDIOMATICHE	
Fa un freddo cane.	
Si muore dal caldo.	
Piove a dirotto. Piove a catinelle.	
C'è un tempo da lupi!	

LEZIONE 8

	NELLA TUA LINGUA
CHIEDERE UNA QUANTITÀ	
Vorrei del formaggio.	
Mi dà due etti di prosciutto?	
CHIEDERE IL PREZZO	
Quant'è al chilo?	
Quanto viene al chilo?	
PRECISAZIONI	
Quanto ne vuole?	
Come vuole le olive? Nere o verdi?	
Ne voglio due etti.	
Le voglio nere.	
Altro?	
No, va bene così, grazie.	
Devi comprare due litri di latte.	
Prendo anche una scatola di tonno?	

LEZIONE 9

	NELLA TUA LINGUA
FARE GLI AUGURI	
Buon Natale e felice anno nuovo!	
Buon anno!	
Buona Pasqua!	
Auguri!	
A TAVOLA	
Buon appetito!	
Cin cin, (alla) salute!	
ALTRE OCCASIONI	
In bocca a lupo! (Risposta: Crepi!)	
Buon viaggio!	
Congratulazioni!	
Condoglianze	
RICEVERE E DARE UN REGALO	
Questo è per te, auguri!	
Non dovevi (disturbarti)!	
Figurati! È solo un pensiero.	

LEZIONE 10

	NELLA TUA LINGUA
CHIEDERE DELLA FAMIGLIA	
Stai con qualcuno?	
Quanti siete in famiglia?	
Hai figli?	
Avete figli?	
Hai fratelli o sorelle?	
Non sono sposato, convivo.	
Sono sposata da tre anni.	
Non è mia moglie, è la mia compagna. Non è mio marito, è il mio compagno.	
Sono divorziato/a.	
Abbiamo due figli, un maschio e una femmina.	
Sono figlio unico.	
Come stanno i tuoi?	
LA DESCRIZIONE FISICA	
Mio padre è alto e calvo.	
Mia sorella ha i capelli lunghi.	
Mia cognata ha gli occhi verdi.	
Mio nonno ha i baffi.	
Mio fratello è magro.	

LEZIONE 11

	NELLA TUA LINGUA
FARE RICHIESTE IN UN NEGOZIO DI ABBIGLIAMENTO	
Vorrei vedere quel cappotto nero in vetrina.	
Avete una taglia più piccola?	
Posso provare una misura più grande?	
Che taglia porta?	
Questo è scontato?	
RICHIEDERE E DARE UN'OPINIONE	
Come mi sta? / Come mi stanno?	
Che pensi di questa camicia?	
Ti piacciono i pantaloni?	
Mi piace di più quella a righe.	
Sinceramente, non ti sta molto bene.	
Ti stanno un po' larghi / stretti.	
Ti donano molto!	
È bella, però preferisco quella di cotone.	

LEZIONE 12

	NELLA TUA LINGUA
METAFORE CON GLI ANIMALI	
Perché non esci mai? Sei proprio un orso!	
Se prendi queste vitamine, ti sentirai un toro!	
Dai, non fare la lumaca, sbrigati!	
Franco quando vede una ragazza inizia subito a fare il galletto.	
ESPRESSIONI	
Marco è cieco come una talpa.	
In questa città mi sento solo come un cane.	
Sergio è furbo come una volpe!	
Silvio è sano come un pesce.	
Da quando ho lasciato l'università, sono la pecora nera della famiglia.	
Alla festa eravamo quattro gatti...	
PROVERBI	
Can che abbia, non morde.	
Chi dorme non piglia pesci.	
Meglio un uovo oggi che una gallina domani.	

LEZIONE 13

	NELLA TUA LINGUA
INFORMARSI SUI SERVIZI	
Avete solo camere o anche appartamenti in affitto?	
Una domanda: la colazione è inclusa?	
Scusi, un'informazione: organizzate visite guidate?	
Posso avere la password per il wifi?	
Quanto costa la mezza pensione?	
PROTESTARE	
Mi scusi, ma la connessione internet non funziona.	
Senta, ho un problema: non c'è l'acqua calda.	
Voglio cambiare camera.	
A questo punto annullo la prenotazione per i giorni successivi.	
Posso almeno avere uno sconto sulla tariffa?	

LEZIONE 14

	NELLA TUA LINGUA
FARE UNA PROPOSTA PER USCIRE	
Hai voglia di fare una passeggiata?	
Volentieri!	
Ottima idea!	
Perché no?	
Non posso, ho da fare.	
Ma perché invece non andiamo al cinema?	
Dai, vedrai che ci divertiremo!	
Come rimaniamo?	
Facciamo alle sei di pomeriggio, va bene?	
Sono in ritardo, scusa.	
Non c'è problema.	
RICHIEDERE E DARE INFORMAZIONI	
Questo film l'hai visto?	
A Milano ci sei mai stato?	
No, non ancora.	
Sì, ci sono stato un anno fa.	

LEZIONE 15

	NELLA TUA LINGUA
DARE UNA NOTIZIA	
Hai sentito che Giacomo è andato a vivere in Cina?	
Hai saputo che Ivo e Mara si sono lasciati?	
Lo sapevi che Elisa è incinta?	
Sì, l'ho saputo proprio da lui.	
REAGIRE A UNA NOTIZIA	
No, non lo sapevo!	
Ma dai!	
Ma davvero?	
Sul serio? Incredibile!	
Che peccato!	
Non ho parole!	
Ci mancava solo questa!	
Come fai a saperlo?	

LEZIONE 16

	NELLA TUA LINGUA
PRIMA DEL PASTO	
Volete ordinare?	
Sì, abbiamo deciso.	
Ancora un minuto, per favore.	
Ci può portare il menù, per favore?	
Come primo cosa avete?	
Che vino ci suggerisce?	
Qual è il piatto del giorno?	
Avete piatti vegetariani?	
DURANTE IL PASTO	
Tutto bene?	
Tutto a posto?	
Sì, tutto perfetto.	
Ottimo, grazie.	
Il risotto è un po' insipido.	
Scusi, potrebbe portare del pane?	

LEZIONE 17

	NELLA TUA LINGUA
INFORMARSI SULLA SALUTE	
Come si sente?	
Che disturbi ha?	
Da quando ha questo fastidio?	
Quando le fa male?	
DESCRIVERE IL PROPRIO STATO DI SALUTE	
Mi fa male la testa.	
Mi fa male la pancia.	
Mi sono rotto un braccio.	
Mi bruciano gli occhi.	
Il dolore parte dalla schiena.	
Il dolore è iniziato venti giorni fa.	
PRESCRIVERE UNA CURA	
Prenda queste compresse, prima e dopo i pasti.	
Bisogna fare delle analisi.	
Dovrebbe smettere di fumare.	
Deve andare da uno specialista.	

LEZIONE 18

	NELLA TUA LINGUA
CHIEDERE E DARE INFORMAZIONI SUL LAVORO	
Che lavoro fai?	
Che fai nella vita?	
Lavoro nel settore dell'informatica.	
Sono un lavoratore autonomo.	
Ho un contratto a tempo determinato.	
Sono un libero professionista.	
Faccio un part-time.	
Quante ferie hai?	
Ti piacerebbe cambiare lavoro?	
Cosa ti piace del tuo lavoro?	
Il mio sogno sarebbe diventare giornalista.	

LEZIONE 19

	NELLA TUA LINGUA
DESCRIVERE LA PERSONA CHE CI PIACE	
Allora, che tipo è?	
Lei com'è?	
Voglio sapere tutto: lui com'è?	
È molto affascinante.	
Non è bello, ma è un tipo.	
È proprio il mio tipo!	
È timida e molto dolce.	
DICHIARARE I PROPRI SENTIMENTI	
Mi sono innamorato di te.	
Sto veramente bene con te.	
Ho perso la testa per te.	
È stato un colpo di fulmine!	
METTERE FINE A UNA RELAZIONE	
Forse è meglio che ci lasciamo.	
Non sono più innamorata.	
Non siamo fatti l'uno per l'altra.	

LEZIONE 20

	NELLA TUA LINGUA
INDICARE LA ZONA DOVE SI CERCA CASA	
In quale zona cerchi casa?	
Che tipo di quartiere ti interessa?	
Dev'essere una zona ben collegata.	
Vorrei abitare vicino al lavoro.	
DESCRIVERE LA CASA IDEALE	
In che tipo di casa ti piacerebbe abitare?	
Vorrei abitare in un palazzo elegante nel centro storico.	
Mi piacerebbe vivere in un attico con la terrazza.	
PARLARE DELLE SPESE RELATIVE ALLA CASA	
Quanto paghi d'affitto?	
Le spese di condominio sono comprese?	
Paghiamo 900 euro al mese, escluse le bollette.	

LEZIONE 1
SALUTARE

1 1. *Ciao*; 2. Buongiorno; 3. Buona serata; 4. Buongiorno; 5. ArrivederLa; 6 Ciao ciao
2 a. *signore*, professore; b. professor Pini; c. dottore; d. Dottor Bruni
3 ORIZZONTALI 1. ciao; 3. signor; 6. arrivederLa; 7. buonanotte; 8. fine settimana; VERTICALI 2. arrivederci; 3. serata; 4. giorno; 5. buongiorno
4 FORMALE: La saluto, arrivederLa; INFORMALE: ti saluto, ciao; FORMALE E INFORMALE: salve, buongiorno, arrivederci, buonasera
5 1. divertimento; 2. viaggio; 3. vacanze; 4. domani; 5. giornata

RIPASSO

1 Quando arrivo **FORMALE:** buonasera; **INFORMALE:** *ciao*, salve; Quando vado via **INFORMALE:** ciao ciao; **FORMALE:** arrivederLa, buonanotte; a presto, tardi
2 A: *lunedì prossimo*, domani, dopo, lunedì, domenica prossima, più tardi; Alla: prossima volta, prossima; Al: prossimo fine settimana
3 a. VANNO VIA; b. VANNO VIA; c. VANNO VIA; **d.** ARRIVANO

Attività video

1 **a.** vado; **b.** serata
2 a.
3 VERO: c., d., f.; FALSO: a., b., e.
4 differenza, va bene, amici, arrivo, dico, come, dico, domani

LEZIONE 2
PRESENTARSI

1 a. *tu*, piacere; b. piacere; c. chiami, chiamo; d. presento; e. mio; f. chiami, tu; g. Enzo, Ferrari; h. presento; i. piacere
2 a. *chiami*, qual, piacere; b. presento, lieto, mio; c. sono, chiami, piacere
3 a. *nome, cognome*; b. si, io, Le, Piacere, mio; c. stato, un, Piacere; d. il, signor, Sì, buongiorno; e. Sei, mi chiamo
4 a. *Ciao, come ti chiami?*; b. Le presento il mio assistente.; c. Qual è il suo nome?; d. Come si chiama?; e. Ti chiami Sandro?

CHIEDERE COME STAI

1 a. *come*; b. va, tu, male; c. sta, Perché, po'; d. va, Insomma; e. bene, Lei, Non; f. va, Tutto, tu; g. come, successo; h. come mai
2 a. Tutto, posto; b. Insomma; c. Abbastanza bene
3 a. *Fantastico!*; b. Mi dispiace.; c. Ah, come mai?; d. Grazie, e Lei?; e. Mi dispiace.; f. Anch'io sto malissimo.
4 a. Be*ne* gra*zie*; b. inso*mma*, stan*ca*; c. Tu*tto*
5 Non si usano: *Come vai?, Come fai?, Com'è tutto?, È bene?*

RIPASSO

1 1./e.; 2./d.; 3./a.; 4./b.; 5./c.
2 ☺☺ benissimo / *molto bene;* ☺ bene / tutto a posto; 😐 insomma / così così; ☹ male; ☹☹ malissimo
3 • Buonasera, è Lei la *signora* Pini? ▪ Sì, **sono** io. •**Mi** presento: Mario Fineschi. ▪ Buonasera, signor Fineschi, molto **lieta**.; • Piacere mio. Le **presento** il dottor Morelli, il nostro direttore. ♦ Fabio Morelli, molto piacere. ▪ Francesca Pini, piacere **mio.**
4 1./d.; 2./e.; 3./a.; 4./h.; 5./b.; 6./f.; 7./c.; 8. /i.; 9./g.
5 a. molto bene; b. male; c. abbastanza bene

Attività video

1 a. 😐; b. ☹
2 a.
3 a. con le persone importanti; b. con una stretta di mano; c. andiamo via; d. come stai; e. quando arriviamo o andiamo via; f. bene
4 a. quando, dire, o, anche; b. con, diamo, e, tutti

LEZIONE 3
OFFRIRE – ACCETTARE – RIFIUTARE

1 **a.** vuoi, volentieri; **b.** Le, un'altra volta; c. vuole, volentieri; d. non posso; e. che ne dici, non mi va, fare, bevo; f. qualcosa da bere, molto volentieri; g. prende, da, faccia, mi
2 a. *prendiamo*; b. offrire; c. qualcosa; d. va; e. volta; f. dici; g. complimenti
3 Ciao Carlo, ti ***va*** un caffè?; b. Ciao Maria, che ne dici **di** un caffè?; c. Mi porta il **conto**, per cortesia?; d. Che ne **dici** di un caffè?; e. No, grazie, non mi **va.**
4 FORMALE: Mi fa un caffè?, Le va un caffè?, Tenga, Ecco a Lei, Mi porta il conto per favore?; INFORMALE: Vuoi qualcosa?, Che ne dici di un caffè?, Mi fai il conto per cortesia?, Non fare complimenti!
5 b. Ti va un caffè? – Sì, volentieri; c. Le offro un caffè? – Con molto piacere; d. Cosa prendiamo? – Io prendo un cappuccino.
6 a./4.; b./1.; c./2.; d./3.

ORDINARE E PAGARE

1 a. *Prendo*; b. fa; c. Quant'è?; d. Le; e. per favore; f. pago, tenga; g. per favore, mancia
2 *Buongiorno, mi fa un caffè per favore?* – Sì, ecco a Lei. – Grazie, quant'è? – Novanta centesimi. – Ecco a Lei un euro, tenga pure il resto. – Mille grazie, signore, arrivederci.
3 **dare il denaro:** Ecco a te / a Lei.; **chiedere di pagare:** Quant'è?, Quanto Le devo?, Mi porta il conto, per favore?; **offrire:** Ti offro un caffè?; **ringraziare e rispondere ai ringraziamenti:** Di nulla., Mille grazie., Prego.; **ordinare:** Vorrei un caffè., Io prendo un caffè.; **lasciare la mancia al ristorante:** Tenga pure il resto.

RIPASSO

1 FORMALE: Che ne dice di un caffè?; Non faccia complimenti.; Tenga pure il resto; INFORMALE: *Mi fai un caffè?*; Prendi un caffè?; Mi porti il conto?
2 a. Non c'è di che.; b. Ti va di...?; c. Con piacere.; d. Quanto Le devo?; e. Per favore.; f. Tenga
3 1./c.; 2./a.; 3./e.; 4./b.; 5./g.; 6./d.; 7./f.; 8./i.; 9./h.
4 ORIZZONTALI 5. offro; 6. volentieri; 7. mi; 8. ne; 10 magari; VERTICALI 1. qualcosa; 2. complimenti; 3. prendiamo; 4. mille

Attività video

1 a. vuoi; b. vorrei; c. per favore; d. il resto
2 a. Arrivederci!; b. Grazie!; c. Buongiorno./Buonasera.; d. Mi scusi...
3 VERO: b., c., d.; FALSO: a., e.

LEZIONE 4
CHIEDERE E DIRE L'ORA

1 a. *l'ora*, le tre; b. sa, mi dispiace; c. Manca; d. e trentacinque; e. e mezza
2 a. *Le dodici e zero.*; b. Le dieci e un quarto.; c. Le due meno trenta.; d. Le diciotto di pomeriggio.; e. Un quarto dopo le diciassette.; f. Le tre meno venticinque.
3 a. FORMALE, Sa; b. FORMALE, Scusi, può; c. INFORMALE, Puoi
4 a. *sai*, e; b. sa / può, lo; c. ora, punto; d. quarto
5 a. *Sono le sette meno venti.*; b. Scusi, sa l'ora?; c. Sono le tre meno un quarto.; d. Mancano cinque minuti alle diciassette.; d. È mezzanotte e mezza.

PRENDERE UN APPUNTAMENTO

1 a. *ora*, e; b. di, bene; c. le dodici, mi dispiace; d. di, posso
2 1./f.; 2./d.; 3./e.; 4./a.; 5./c.; 6./b.
3 a. *2, 1, 4, 3*; b. 2, 1, 3, 4; c. 4, 2, 1, 3
4 a. S*c*usa, *l*ibero, *d*ispiace, *p*osso; b. dis*ponibile*, pe*rfetto*; c. *c*he, *o*ra, *verso*
5 1./e.; 2./f.; 3./d.; 4./c.; 5./a.; 6./b.

INFORMARSI SUGLI ORARI

1 VERO: a., c., d.; FALSO: b., e.
2 a. quarantacinque, alle, quindici, pomeriggio, diciassette; b. aperto, diciannove, di, sera
3 VERO: b., c., d., e.; FALSO: a.
5 a. *otto*, dieci, meno, quarto; b. Dalle, a, appuntamento; c. Dall', mezzo; d. pomeriggio, sette, sera; e. Alle

RIPASSO

1 a. alle, di; b. alle, in; c. alle; d. A; e. dalle, alle; f. alle, di
2 a./4; b./3; c./5; d./1; e./2; f/7; g/6.
3 uguale: b., c., e., f., g.; opposto: a., d.

Attività video

1 12:00 = mezzogiorno; 01:00 / 13:00 = l'una; 00:00 = mezzanotte
2 VERO: a., c., d., f.; FALSO: a., b., e.
3 Sono le nove e tre quarti., Sono le nove e quarantacinque., Sono le dieci meno un quarto.
4 a. ora, chiedere, sa, Sono, singolare, una; b. puntuali, non, verso, dieci

soluzioni

LEZIONE 5

DATA - GIORNI - MESI

1 a. *oggi*; b. abbiamo, 7 maggio; c. mercoledì; d. il 13 novembre; e. due marzo, l'; f. il primo; g. il 22 settembre, mercoledì.

2 b.

3 a. *Oggi* è l'***undici*** maggio.; b. Oggi è martedì 20 **marzo**.; c. Oggi è il **quattordici** dicembre.; d. Oggi **è** mercoledì undici gennaio.; e. Quanti ne **abbiamo** oggi?; f. Che **giorno** è oggi?; g. Oggi è l'otto agosto. ; h. Oggi è il sette luglio.

4 Il 14 febbraio.; 2. Il 25 marzo.; 3. Il 23 gennaio.; 4. Il 17 dicembre.; 5. Il primo marzo.; 6. Il 4 gennaio.; 7. *Il 20 dicembre.*

5 1. estate / a.; 2. autunno / d.; 3. inverno / c.; 4. primavera / b.

6 a. marzo; b. luglio; c. ottobre; d. aprile; e. agosto

AVVERBI E PREPOSIZIONI DI TEMPO

1 a. *Martedì.*; b. Mercoledì.; c. Lunedì.; d. Venerdì.; e. Venerdì.; f. Mercoledì.

2 a. *ieri*; b. quattro giorni fa; c. dopodomani; d. tra un mese; e. tre giorni fa; f. tra dieci giorni; g. un mese fa; h. l'altro ieri

3 a. Stasera; b. oggi pomeriggio; c. Stamattina; d. oggi, stanotte

REGOLARITÀ - ABITUDINE

1 a. i; b. il, la; c. tutti; d. ogni

2 a. sempre; b. raramente; c. qualche volta; d. mai; e. spesso

3 a. Il; b. Il; c. In; d. Il; e. La; f. Il; g. La; h. La; i. A

RIPASSO

1 a. *Oggi*; b. L'altro ieri; c. Domani; d. Fra tre giorni; e. Oggi pomeriggio

2 a. no; b. no; c. no; d. no

Attività video

1 a. 14 ottobre 2016; b. il;

2 giorni mancanti: martedì, giovedì, sabato

3 VERO: a., d., f.; FALSO: b., c., e.

4 a. primo, secondo, due, quattro, articolo, anno; b. autunno, freddo, freddo, stagioni

LEZIONE 6

CHIEDERE E DARE INFORMAZIONI STRADALI

1 a. *dov'è*; b. dov'è; c. a destra; d. vicino; e. parti; f. fa, poi; g. parti

2 1./d.; 2./e.; 3./b.; 4./c.; 5./a.

3 a. *dov'è*, sempre, sinistra, metri; b. fermata, cammina, incrocio, via, fa, fermata; c. per, prende, dritto

4 a. *Dov'è via Garibaldi?*; b. Scusi, mi sa dire dov'è piazza Garibaldi?; c. Senta, mi può dire dov'è viale Mazzini?; d. Senta, da queste parti c'è una farmacia? / Senta, c'è una farmacia da queste parti?; e. Senta scusi, è lontano il centro? / Senta scusi, il centro è lontano?

5 a. *14 / Museo Civico*; b. 6 / banca, 5 / teatro; c. 11 / farmacia; d. 1 / fermata della metro; e. 2 / tabaccaio, 3 / pizzeria

6 a. *sempre / scusi*; b. metri / dire; c. semaforo / attraversa; d. fontana / queste

7 a. Monica; b. Sonia

LA CITTÀ

1 piazza / 8.; fermata / 3.; incrocio. / 1.; monumento / 11.; ponte / 10.; semaforo / 2.; stazione / 9.; fontana / 7.; parcheggio / 5.; centro / 6.; galleria / 4.

2 a. alla; b. della; c. alla; d. al; e. a; f. al; g. all'

3 VERO: b., c., f.; FALSO: a., d., e.

RIPASSO

1 a./3.; b./1.; c./5.; d./4.; e./2.

2 1./e,; 2./d.; 3./f.; 4./b.; 5./g.; 6./a.; 7. /c.

Attività video

1 a. sa; b. lontano; c. dritto; d. l'incrocio

2 VERO: c., e.; FALSO: a., b., d.

3 A

LEZIONE 7

CHIEDERE DEL TEMPO E RISPONDERE

1 a. *bel*; b. per, sole; c. la nebbia; d. afoso; e. cane; f. brutto; g. temperatura; h. diluvia, tira

2 1. *F*; 2. U; 3. L; 4. M; 5. I; 6. N; 7. E = FULMINE

3 a. Che ***tempo*** fa a Roma oggi?; b. Che **dicono** le previsioni per domani?; c. Com'è la **temperatura** da te?; d. Sabato è bello, ma domenica **tira** vento.; e. Non piove, ma è **nuvoloso**.; f. No, ma fa un **freddo** cane.

4 a. è sereno; b. è variabile; c. piove; d. è coperto; e. *grandina*; f. fa caldo; g. c'è nebbia; h. nevica; i. c'è vento

5 a. *s*ole; b. *n*ebbia; c. *s*ole; d. *n*uvoloso; e. *p*iove; f. *t*emporali; g. *n*uvoloso

ESPRESSIONI IDIOMATICHE

1 1./d.; 2./c.; 3./e.; *4./a.*; 5./f.; 6./b.

RIPASSO

1 ORIZZONTALI 1. piove; 4. nevica; 6. nuvoloso; 8. temporale; 9. caldo; VERTICALI 2. vento; 3. dirotto; 5. variabile; 6. nebbia; 7. freddo

2 a. *Fa freddo.*; b. Che tempo fa da te? / Da te che tempo fa?; c. Che dicono le previsioni? / Le previsioni che dicono?; d. Com'è la temperatura da te? / Com'è da te la temperatura? / Da te com'è la temperatura?; e. Come sono le previsioni per dopodomani? / Per dopodomani come sono le previsioni?; f. Fa un freddo cane.

3 1./d.; 2./c.; 3./e.; 4./a.; 5./b.

4 fredda, neve, nuvoloso, temporali, neve, piogge, vento

5 nevicate, notte, bianca, neve, Centro, nevica, neve

Attività video

1 a. fa; b. tira

2 Piove molto. / c.; Caldo, umido e zero vento / a.; Temperatura molto bassa / b.

3 VERO: b., c., e.; FALSO: a., d., f.

LEZIONE 8

CHIEDERE UNA QUANTITÀ, PREZZI E PRECISAZIONI

1 a. volevo; b. mette, in offerta; c. vengono; d. chilo, Un; e. chili; f. No; g. assaggiare; h. bene; i. Quanto ne; l. le vuole, le prendo

2 a. le vuoi, ne prendo, Ne compri, Li vuoi; b. le mette, ne prendo, ne vuole

3 b. 1, 5, 4, 2, 8, 6, 3, 7; c. 1, 2, 4, 3, 6, 8, 5, 7

4 a. --, *grazie*; b. --, posto; c. della, quanto, --; d. --, paio

5 a. *Vorrei un chilo di pane. – Ecco.*; b. Vorrei delle olive nere. – Quante ne vuole?; c. Quanto viene la mozzarella? – Dieci euro.; d. Mi dà due chili di mele rosse? – Poi? – Basta così, grazie.; e. Altro, signora? – Sì, prendo questa scatola di biscotti.

6 **Maschile singolare:** del parmigiano; dell'olio di oliva; **Maschile plurale:** degli yogurt; degli odori; **Femminile singolare:** della mortadella; dell'insalata russa; **Femminile plurale:** delle carote

CONTENITORI

1 1./e.; *2./c.*; 3./b.; 4./a.; 5./f.; 6./g.; 7./d.; 8./i.; 9./h.

2 bottiglia, confezione, scatola, pacco

3 a. Eurospin; b. Carrefour; c. Eurospin; d. Eurospin; e. Carrefour

RIPASSO

1 1./e.; 2./d.; 3./a.; 4./c.; 5./b.; 6./g.; 7./f.

2 a. *la*; b. lo; c. lo; d. li; e. le; f. la; g. lo

3 a. salame; b. basta; c. come; d. paio; e. altro

4 AL RISTORANTE: Prendo un piatto di spaghetti.; Mi porta il conto, per favore?; Tenga pure il resto. ALL'ALIMENTARI: Mi dà un etto di salame di Milano?; Gli spaghetti sono in offerta?; Quanto viene al chilo?; Mi fa un etto di mortadella?

Attività video

1 a. formaggio; b. altro

2 c.

3 VERO: a., d., e.; FALSO: b., c.

4 1./b.; 2./b.; 3./c.; 4./c.

LEZIONE 9

FARE GLI AUGURI

1 1./b.; 2./f.; 3./a.; 4./e.; 5./c.; 6./d.

2 a. Complimenti!; b. Condoglianze.; c. fortuna; d. Congratulazioni!

3 1./d.; 2./h.; 3./e.; 4./a.; *5./g.*; 6./c.; 7./b.; 8./f.

4 a. *Buon compleanno!*; b. Congratulazioni!; c. Buon viaggio!; d. In bocca

al lupo!; e. Buon appetito!; f. *Buon* Natale!

5 a. *con*gratulazioni; b. *bo*cca al lupo, *Cr*epi; c. *buo*na *for*tuna; d. *Buo*n anniversario; e. *sal*ute

ESPRESSIONI E PAROLE UTILI

1 3 regali / 3.; fuochi d'artificio / 6.; spumante / 4.; panettone / 5. palle / 2.; albero di Natale / 1.

2 a. albero di Natale, palle di Natale, cenone, lenticchie, brindisi, fuochi d'artificio; b. compleanno, Festa della Repubblica, torta, candeline, regalo

RICEVERE E DARE UN REGALO

1 a. *Però mi dispiace*; non dovevi disturbarti; Figurati, nessun disturbo. / Nessun disturbo, figurati.; b. questo è per te; perché ti sei disturbato?; non è nulla; è proprio bello; c. Questo è un pensierino per te.; Per così poco.

RIPASSO

1 ORIZZONTALI 4. candeline; 7. Epifania; 8. salute; 9. congratulazioni; VERTICALI 1. lenticchie; 2. Capodanno; 3. condoglianze; 5. albero; 6 Pasqua

2 c., e.

3 1./e.; 2./f.; 3./h.; 4./g.; 5./a.; 6./b.; 7./d.; 8./c.

4 a. Alla salute! / Cin cin!; b. *Buon* compleanno!; c. In bocca al lupo!; d. *Buona* Pasqua!

Attività video

1 a. congratulazioni; b. in bocca al lupo

2 VERO: a., c., e.; FALSO: b., d., f.

3 a. Buon compleanno! / (Tanti) auguri!; b. In bocca al lupo (a Cristina)!; c. Buon viaggio! / Buone vacanze!; d. Buon anniversario! / Congratulazioni! / Auguri!

LEZIONE 10

CHIEDERE INFORMAZIONI SULLA FAMIGLIA

1 a. *sposato*; b. figli; c. incinta; d. partner; e. fidanzata; f. unico

2 a. Questo è mio marito. – *Piacere*.; b. Vivi con i tuoi? – Sì, vivo con i miei.; c. Giovanna è tua moglie? – No, ma fra tre mesi ci sposiamo. / No, ma ci sposiamo fra tre mesi.; d. Da quanto tempo sei sposato? – Da tre anni.

3 SINGOLARE prima riga: tuo cugino, suo nonno, vostro padre; seconda riga: mia sorella, vostra madre, la loro nipote; PLURALE prima riga: i miei cugini, i tuoi fratelli, i suoi nipoti, i nostri genitori, le loro sorelle; seconda riga: le nostre sorelle

4 i miei nonni; i miei nonni; (Silvio) *mio* zio; (Simona) *mia* cognata; (Laura) mia sorella; *i miei* nipoti

5 a. miei; b. mio; c. suo; d. Mia; e. tuoi, miei; f. vostro

6 1./d.; 2./c.; 3./f.; 4./a.; 5./g.; 6./b.; 7./e.

7 PARENTI: *padre*, cugino, moglie, cognato, marito; NON PARENTI: compagno, amante, amico, partner, fidanzato

LA DESCRIZIONE FISICA

1 1./c.; 2./d.; 3./e.; 4./b.; 5./a.

2 a./4.; b./3.; c./1.; d./2.; e./5.

RIPASSO

1 *magro*, *cap*elli, *sn*ella, *basso*, *rag*azzo, *cug*ini, *al*to, *piazz*ato, *bar*ba

2 a. tuo; b. nostra; c. Sua; d. nostro

3 1./d.; 2./e.; 3./f.; 4./a.; 5./c.; 6./b.

4 a. vi siete separati; b. si è innamorata; c. sei rimasta; d. si sono messi insieme; e. si è sposata; f. abbiamo divorziato

5 a. Quanti; b. Quando / Con chi / Come; c. Come / Con chi; d. Come; e. --; f. Come / Con chi

Attività video

1 a. nubile; b. figli;

2 che bei figli, che bel ragazzo, che bella ragazza

3 VERO: b., c.; FALSO: a., d., e.

4 convivono, fidanzati, vecchia, single, celibe, solo, figli, i miei, stanno, dai

TEST 1

PARTE A (LEZIONI 1-5)

1 a. mi, ora, Alle, le, vado; b. me, da, complimenti, altra; c. vorrei, è, e, arrivederci, Lei; d. Ciao, come, così, va, posto, libero, Purtroppo, dalle, alle, ne, alle, A

2 a. scorso, prossimo; b. Tra; c. fa, nel; d. giorno, abbiamo, sette maggio

3 1. mai; 2. sempre; 3. raramente; 4. spesso; 5. Qualche volta

4 1./d.; 2./f.; 3./g.; 4./e.; 5./a.; 6./c.; 7./b.

5 a./4.; b./7.; c./3.; d./6.; e./8.; f./1.; g./2.; h./5.

PARTE B (LEZIONI 6-10)

1 a. dire, parti, vicino, Lontano, davanti, dritto, attraversa, piazza, figuri; b. fa, piove, nebbia, cane, previsioni, sole, tempo, muore, afa

2 Volevo, viene, Altro, viene, altro, basta

3 1. lattina / a.; 2. pacco / c.; 3. confezione / b.; 4. busta / e.; 5. vasetto/ d.

4 1./b.; 2./c.; 3./e.; 4./a.; 5./d.

5 1./b.; 2./b.; 3./a.; 4./b.

6 1./a.; 2./c.; 3./e.; 4./d.; 5./g.; 6./f.; 7./b.

7 a. Paola; b. Marta; c. Serena; d. Maurizio; e. Gianluca

LEZIONE 11

FARE RICHIESTE IN UN NEGOZIO DI ABBIGLIAMENTO

1 a. stivali; b. provarle; c. il maglione; d. taglia; e. saldo

2 1. giacca; 2. maglietta; 3. stivali; 4. maglione; 5. cappotto; 6. sciarpa; parole in più: scarpe, camicia

3 1. Carolina; 2. Antonella; 3. Laura; 4. Sofia; 5. Emma; 6. Emanuela

4 a. Buongiorno, ***cercavo*** una giacca. Sì, abbiamo questa di **cotone**, oppure c'è anche **quella** di lana.; b. Senta, che **taglia** porta?, Vuole **vedere** un altro modello?, Forse **quello** lì, a quadri., Quello **di** pelle?; c. Ecco, **questi** sono veramente belli, signore., Sì, però anche **quelli** non sono male. Quelli a **righe** bianche e blu.; d. Sono **di** lana questi calzini?, Questi qui in **vetrina**, **a quadri**., Ah, sì, lana buonissima, sono anche in **saldo**. Che numero **porta**?

RICHIEDERE E DARE UN'OPINIONE

1 a. pensi; b. Come, corta; c. dici; d. pantaloni, benissimo; e. sta, stretto

2 **Mi / Ti piace:** *la gonna*, il cappello, il giubbotto, la cravatta, la borsa, il maglione, la camicia, la maglietta, la cintura, il vestito; **Mi / Ti piacciono:** *i calzini*, i pantaloni, i guanti, le scarpe, gli stivali

3 a. piace; b. piacciono; c. piace; d. piace; e. piacciono; f. piacciono

4 1. larga; 2. lunghi; 3. stretta; 4. corti

5 1./d.; 2./e.; 3./b.; 4./f.; 5./a.; 6./c.

6 forme corrette: Buongiorno, posso aiutar**La**?, **Mi** dica., **Le** consiglio in ogni caso..., magari tra pochi mesi non **gli** stanno più!

RIPASSO

1 a. *cintura*, *gonna*; b. cappotto, maglione; c. stivali, calzini; d. camicia, scarpe; e. cappello, stivali

2 a. *Come mi sta?*; b. Mi sembrano un po' troppo vistose.; c. Sono proprio il tuo stile.; d. Li trovo un po' cari.; e. Non ti donano molto.

3 1./e.; 2./d.; 3./f.; 4./c.; 5./b.; 6./a.

4 ORIZZONTALI 3. maglione; 6. sciarpa; 7. maglietta; 8. cappotto; VERTICALI 1. stivali; 2. cappello; 4. cravatta; 5 guanti; 6. scarpe; 8. calzini

Attività video

1 a. sta; b. ti; c. dona; d. sconti

2 1./b.; 2./b.; 3./a.; 4./a.

4 a. mi, sto, Ti, Stai, piace; b. momenti, famiglie, primo, saldi, sconti, cento, taglia, conveniente

LEZIONE 12

LE METAFORE CON GLI ANIMALI

1 1. *pavone*; 2. lumaca; 3. orso; 4. struzzo; 5. volpe; 6. iena

2 1./d.; 2./f.; 3./e.; 4./b.; 5./a.; 6./c.

3 volpe <=> capra

4 1./e.; 2./d.; 3./a.; 4./c.; *5./b.*

5 a. orso; b. galletto; c. iena; d. capra; e. verme

soluzioni

I MODI DI DIRE CON GLI ANIMALI

1 1. una talpa; 2. un cavallo; 3. un pesce; 4. un cane; 5. un pesce
2 *1./b.*; 2./b.; 3./a.; 4./a.; 5./b.; 6./a.
3 1./c.; 2./f.; 3./a.; 4./b.; 5./d.; 6./e.
4 1. Chi dorme non piglia pesci.; 2. Meglio un uovo oggi che una gallina domani.; 3. Can che abbaia non morde.
5 1. avere; 2. tagliare; 3. sputare; 4. fare; 5. sentirsi; 6. prendere; 7. avere

RIPASSO

1 1./c.; 2./e.; 3./d.; 4./a.; 5./b.
2 a. quattro gatti; b. la testa al toro; c. cani e porci; d. la pecora nera; e. volare una mosca; 6. un pesce
3 a. d'; b. da; c. da; d. d'; e. a
4 ORIZZONTALI 3. lumaca; 6. galline; 8. struzzo; 9. rospo; 10. talpa; VERTICALI: 1 pecora.; 2. galletto; 4 pesce.; 5. aquila; 7. mosca

Attività video

1 a. orso; b. verme
2 a./3.; b./2.
3 VERO: b., d., g., h.; FALSO: a., c., e., f.
4 1./c.; 2./a.; 3./a.; 4./b.

LEZIONE 13
INFORMARSI SUI SERVIZI

1 a. agriturismo; b. ostello; c. albergo; d. campeggio
2 1./c.; 2./d.; 3./d.; 4./a.
3 a. Volevo; b. Senta, domanda; c. parcheggio; d. altra, visite
4 VERO: a., d., e., f.; FALSO: b., c.

PROTESTARE

1 a. senta, mandare; b. soddisfatto, Internet; c. risolverlo; d. questo, sconto; e. in fretta
2 1./c.; 2./e.; 3./b.; 4./a.; 5./h.; 6./g.; 7./d.; *8./f.*
3 a. Buonasera, senta, la finestra non si chiude, potrebbe mandare **qualcuno** per favore?; b. Buongiorno, internet non **va**, potrebbe mandare su un tecnico, per cortesia?; c. La camera va bene, purtroppo però non **sono** soddisfatto del servizio.; d. In camera **non** funziona la luce.; e. Certo, signora, **mando** subito qualcuno.
4 1./f.; 2./e.; 3./d.; 4./a.; 5./c.; 6./b.
5 Duccio: stelle, letto, camera, bagno, occupate, rimborso, colazione, alberghi; Paolina: occupate, soddisfatti, bagni, arrivo, problemi
6 a. specialmente; b. comodamente; c. rumorosamente; d. possibilmente; e. economicamente; f. straordinariamente; g. felicemente; h. silenziosamente
7 1./f.; 2./e.; 3./b.; 4./d.; 5./a.; 6./c.

RIPASSO

1 a. *Grazie., Lo chiamo subito.*; b. Certo, signora, mi dica., Certo, signora, viene 7 euro l'ora. ; c. Prego, ho una domanda., Ah, senta, ho ancora una domanda.; d. Il riscaldamento non lavora., Il riscaldamento non è possibile., Sì, grazie, ma velocemente perché fa caldissimo., Sì, grazie, ma non immediatamente perché fa molto freddo.
2 1./i.; 2./e.; 3./g.; 4./b.; 5./h.; 6./d.; 7./l.; 8./c.; 9./f.; *10./a.*
3 1./f.; 2./d.; 3./a.; 4./b.; 5./c.; 6./e.

Attività video

1 a. conveniente; b. funziona; c. asciugamani
2 VERO: a., b., c., e.; FALSO: d.
3 a. E se viaggiamo ad agosto è bene ***prenotare*** con molto anticipo. Questo perché agosto è il mese in cui tutti gli italiani partono per le **vacanze**, e prenotare in **anticipo** significa trovare posto e anche trovare **tariffe** convenienti per il viaggio e per il soggiorno.; b. ... Sì, senta, in bagno non c'è l'acqua **calda**, no c'è solo l'acqua **fredda**. Anche: mancano gli asciugamani per la doccia, già, sì, e il televisore non **funziona**, no c'è solo un canale ed è in una **lingua** incomprensibile. Potete far **venire** un tecnico? Grazie.

LEZIONE 14
FARE UNA PROPOSTA PER USCIRE

1 a. di, molta; b. ci, diresti; c. vista, andrebbe, no; d. voglia, volentieri; e. va, un impegno
2 a. Francesco, che **ne** dici di un cinema stasera? b. Ti va **di** andarci con me?, Certo che **mi** va. Quando?; c. Dottor Moretti, **che** ne direbbe di pranzare con noi?, Molto volentieri, ma arrivo con un **po'** di ritardo.; d. No, non l'ho mai vista. Ottima idea! Quando partite?, Verso **le** otto di mattina... Parola in più: ci
3 *1./d.*; 2./g.; 3./b.; 4./e.; 5./f.; 6./c.; 7./a.
4 fare
5 a. va, ispira, invece; b. perché, preferirei; c. voglia, Veramente, un'altra
6 Marina, hai voglia *di* venire al concerto del primo maggio?; Dai, è un evento imperdibile!; Ci divertiremo, fidati!; Volevo fare altro, ma ok.
7 e., b., g., h., c., a., f., d.

PRENDERE UN APPUNTAMENTO

1 1./d.; 2./c.; 3./e.; 4./a.; 5./b.
2 *a./7.*; b./6.; c./4.; d./2.; e./3.; f./1.; g./5.
3 Mattia/c.; Ilaria/d.; Mirella/a.; Antonio/b.; Mattia/3.; Ilaria/2.; Mirella/1.; Antonio/4.

RIPASSO

1 a. *Volentieri.*; b. Fidati, sarà interessante!; c. Facciamo alle tre?; d. Dai, sbrigati!; e. Perché non andiamo da un'altra parte?; f. Sbrigati!
2 1./a.; 2./b.; 3./c.; 4./a.; 5./b.
3 proporre qualcosa: 2., 10.; accettare: 4., 5.; rifiutare: 7., 9.; insistere: 1., 3.; fare una controproposta: 6., 8.

Attività video

1 a. va, dici, voglia; b. lo, comprati
2 VERO: a., c.; FALSO: b., d., e.
3 1. *come rimaniamo?* è una frase dell'italiano; ovviamente non c'è / non c'è ovviamente; dove e a che ora ci vediamo / a che ora e dove ci vediamo; facciamo alle sette davanti al bar / facciamo davanti al bar alle sette; 2. film lo hai visto; hai visto quel film; di tutti i giorni forse è meno lineare / di tutti i giorni è forse meno lineare

LEZIONE 15
DARE E REAGIRE A UNA NOTIZIA

1 a. ha saputo; b. sapevo; c. Abbiamo saputo; d. Sapevi; e. hai saputo
2 irritazione: Non ho parole., Come al solito!; sorpresa: Davvero?, Ma dai!; entusiasmo: Che bello!, Grandioso!; tristezza: Che brutta notizia!, Che peccato!
3 a. ne; b. ne; c. lo; d. L'; e. Ne
4 a. volevo, guaio; b. l'ultima, Porca miseria; c. Ne ero sicuro; d. hai saputo di, mi dispiace; e. novità, mi fa molto piacere; f. ha, l'ha detto
5 a. Che peccato!; b. Che meraviglia!; c. Che fortuna!; d. Sempre così.; e. Ci mancava solo questa!
6 1./c.; 2./d.; 3./f.; 4./b.; 5./a.; 6./e.; a. lo so; b. Ma dai; c. non ci credo; d. che peccato, Sempre così; e. come al solito
7 1./c.; 2./a.; 3./d.; 4./e.; 5./b.

CHIEDERE E DARE INFORMAZIONI SULLE ORIGINI DI UNA NOTIZIA

1 **mi**: me lo; me le; **ti**: te lo; te li; **gli/le/Le**: glielo; **ci**: ce li; **vi**: ve la; **gli**: gliela
2 a. Me l'; b. Ce l'; c. te l'; d. glielo; e. Gliela
3 1./c.; 2./f.; 3./e.; 4./d.; 5./b.; 6./a.

RIPASSO

1 a. Chi **glielo** ha detto?; 2. Come **fai** a saperlo?; 3. E **Lei** come lo **sa**?; 4. E **tu** come l'**hai** saputo?; 5. Ne **sapeva** qualcosa?; 6. Volevo dirti una cosa...
2 1./c.; 2./f.; 3./d.; 4./d.; 5./b.
3 **Erica**: sentito; **Gaia**: ne; **Erica**: scritto, su; **Gaia**: ci; **Erica**: postato

Attività video

1 a. fortuna; b. mancava
2 VERO: a.; e.; FALSO: b., c., d.
3 sorpresa: Ma dai!, Ma non mi dire!, Non ci credo!, Ma davvero?; dispiacere: Che sfortuna!, Che peccato!, Che disastro!, Che guaio!; entusiasmo: Che meraviglia!, Che bello!, Che fortuna!
a. imperfetto, vorrei, più, amico; b. brutta, Invece, buona, spesso

LEZIONE 16

AL RISTORANTE: PRIMA DEL PASTO

1 **Prezzo:** € 28-42; **cucina:** italiana, pesce; Possibilità per mangiare: accetta **prenotazioni, chiude** a mezzanotte; il 93% ***consiglia***; **Eccezionale** (54), **pessimo** (1); **qualità** / prezzo

2 consiglio / consigliare; decisione / decidere; ordinazione / ordinare; pagamento /*pagare*; scelta / scegliere; suggerimento / suggerire

3 ordinare; abbiamo deciso; *consiglia*; suggerisco; avete scelto; pagare

4 a. Gelato al cioccolato; b. Purtroppo oggi non c'è.; c. Come lo vuole il vino?; d. C'è la parmigiana?; e. Lei non mangia carne?

5 Antipasti: 6, 9; Primi: 5, 11; Secondi: 2, 4; Contorni: 1, 12; Formaggi: 3, 10; Dolci: 7, 8

6 1. per; 2. di; 3. di; 4. alla; 5. con; 6. nella

7 1. / c. (il cliente); 2. / d. (il cameriere); 3. / e. (il cliente); 4. / a. (il cameriere); 5. / b. (il cliente)

DURANTE IL PASTO

1 1./c.; 2./ f.; 3./e.; 4./a.; 5./b.; 6./d.

2 1./e.; 2./f.; 3./d.; 4./b.; 5./a.; 6./c.

3 **Informale: tu** – assaggiare: assaggia; mangiare: mangia; sentire: senti; **formale: Lei** – portare: porti;

4 a. *Buonasera, Buonasera, Senta, consiglia / F*; b. Assaggia, ti / I; c. guarda, tuo / I; d. Senti, tu / I; e. mangia, mamma / I; f. porta, Aspetti, signora / F

RIPASSO

1 a. La scala; b. Da Rosa; c. Il Giardino; d. Il cielo blu

2 1. salatissimo; 2. squisita; 3. fredda; 4. dura; 5. calda; 6. sciapo

Attività video

1 a. pesce; b. bruschette; c. uovo; d. pesante

2 VERO: b, c, e; FALSO: a, d, f

3 1./b.; 2./a.; 3./c.; 4./b.

4 a. condimento, differenza, perfetta, ragù, brodo, tipi; b. grappa, ammazzacaffè, pennichella, appetito

LEZIONE 17

CHIEDERE E DARE INFORMAZIONI SULLA SALUTE

1 1. *gamba*; 2. braccio; 3. testa; 4. occhio; 5. naso; 6. spalla; 7. orecchio; 8. mano; 9. piede; 10. pancia; 11. bocca; 12. petto; 13. caviglia

2

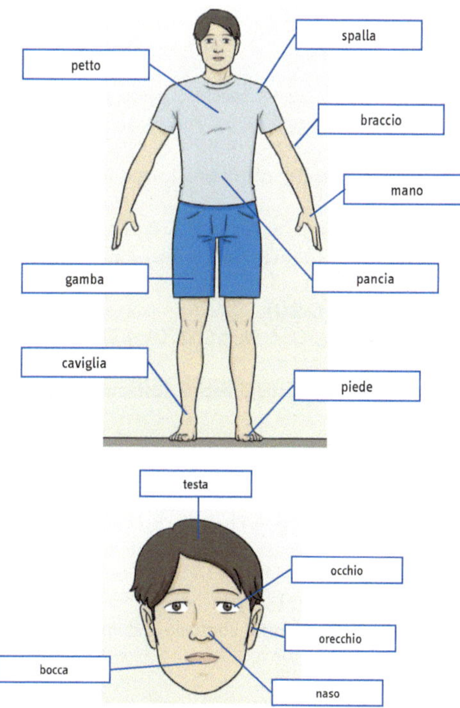

3 1./e.; 2./c.; 3./a.; 4./f.; 5./b.; 6./d.

4 a. *Come va, signora?; Non mi sento bene.*; b. Qual è il problema?; Non riesco a respirare.; c. Che cosa c'è che non va?; MI sono fatta male alla caviglia.; Il dolore allo stomaco è costante?; Mi fa male dalla mattina alla sera.

5 a. dica, venute, corpo; b. dolore, soprattutto; c. qual, mal; d. Dove, sopra; e. bruciano, Da

6 1./c.; 2./a.; 3./b.; 4./e.; 5./d.

PRESCRIVERE UNA CURA

1 a. sciroppo; b. collirio; c. compresse; d. gocce; e. pomata

2 a. cerchi; b. mangi; c. faccia; d. sta'; e. bevi; f. vada; g. finisca; h. venga

3 1./e.; 2./f.; 3./b.; 4./a.; 5./c.; 6./d.

4 1. sintomi; 2. vaccino; 3. consulto; S.T.: a, b, d, f; Il Dottor Calderoli: h, l

5 1./d.; 2./e.; 3./a.; 4./b.; 5./c.

6 1. di; 2. di, a; 3. da; 4. da; 5. di

RIPASSO

1 a. *Tutto bene*; b. Di solito verso sera; c. La sera; d. Una fitta, prima dei pasti; e. No, parte dal braccio e va fino alla spalla; f. Soprattutto la mattina

2 *come si sente oggi?;* mi fanno ancora **male**; Ha messo le **gocce**; **ho** ancora dolore (o: ancora **ho** dolore); Allora **deve** fare una visita specialistica; Intanto però **resti** a casa; ma devo continuare a **mettere** le gocce; Sì, **continui** con quelle gocce; No, **ne** ho ancora

3 a. dà; b. ha; c. fanno; d. si è fatta; e. bruciano

4 VERO: 1, 3, 6, 7; FALSO: 2, 4, 5

Attività video

1 a. febbre; b. pelle

2 VERO: c, d, e; FALSO: a, b

3 1./d.; 2./c.; 3./f.; 4./a.; 5./b.

4 a. bell', male, bene, influenza, disturbi; b. medici, visita, problema

LEZIONE 18

CHIEDERE E DARE INFORMAZIONI SUL LAVORO

1 1./e.; 2./h.; 3./a.; 4./g.; 5./b.; 6./c.; 7./d.; 8./f.

2 1./d.; 2./f.; 3./a.; 4./b.; 5./e.; 6./c.

3 parrucchiera; scrittore; giornalista; insegnante; operaio; cantante; impiegata; cassiere

4 Orario: part-time; Titolo di studio: laurea; programmatore; candidati; settore; conoscenza; informale; assunzione; azienda; CV

5 1./c.; 2./g.; *3./e.*; 4./h.; 5./i.; 6./b.; 7./d.; 8./a.; 9./f.

6 a. *è stato definito*; b. sono stati assunti; c. è stato licenziato; d. è stata selezionata; e. sono stato formato/a; f. Siete stati contattati/e; g. è stata confermata

DESCRIVERE IL LAVORO IDEALE

1 • Ti **piace** quello che fai? ▪ Sì, abbastanza, ma non sempre. • Ah, ti **piacerebbe** cambiare lavoro? ▪ Quando sono stressata, sì! • Che cosa ti **piacerebbe** fare? ▪ Mi piacciono le bici, quindi forse mi piacerebbe riparare biciclette! • Interessante! Ma a proposito del tuo lavoro di insegnante, che cosa **cambieresti**? ▪ Mah, bisognerebbe lavorare con meno pressione. **Sarebbe** meglio per tutti.

2 a. Bisognerebbe ridurre lo stress; b. Amo parlare con i clienti; c. Diventare pilota; d. Faccio l'autista; e. Sono molto stressata in questo momento

3 1./f.; 2./d.; 3./b.; 4./a.; 5./e.; 6./c.

4 dipendenti 1. progetti; 2. colleghi; 3. professionale; 4. capo; 5. finanziaria; 6. impiego; 7. stipendio

RIPASSO

1 verso le = intorno; alla fine = al termine; frequentemente = spesso; cinque giorni su sette = dal lunedì al venerdì; poi = dopo; *sistematicamente = sempre*; durante la = nel corso della; per prima cosa = prima di tutto

2 --; vita; occupi; contratto; progetto; assunto; tempo; orario; metti; sede; cambieresti; piacerebbe

3 periodo difficile; odio; da sola; la pausa pranzo; telefonate; mi disturbava; una decisione; licenziarmi; lavoro; dare; cambiare;

soddisfaceva; licenziata; azienda; stipendio; simpatici; mi occupo

4 ☺ 1., 2.,4., 6., 9.; ☹ 3., 5., 7., 8., 10

Attività video

1 a. contratto; b. dimissioni; c. autonomo; d. cervelli

2 VERO: b, d, e; FALSO: a, c

3 a. grande, grandi, mondo, assumere, firma; b. contrario, migliore, lavoratore, lavoratore, contratto

LEZIONE 19

DESCRIVERE LA PERSONA CHE CI PIACE

1 b. il mio tipo; b. Bruttino; c. intenso, timido; d. impacciata, affascinante; e. riflessiva, freddo

2 1. /b.; 2./a.; 3./b.; 4./b.; 5./b.; 6./a.; 7./a.; 8./a.

3 estroverso; spiritoso; espansivo; impacciato; impulsivo; *malizioso*; allegro; deciso; nervoso; sincero

DIMOSTRARE APPREZZAMENTO PER QUALCUNO

1 a. agio; b. stesso; c. serata; d. vola; e. apertamente

2 1./a.; 2./b.; 3./b.; 4./a.; 5./b.

3 1./d.; 2./a.; 3./e.; 4./b.; 5./c.

DICHIARARE I PROPRI SENTIMENTI

1 a. di; b. di; c. per; d. a; e. di; f. di

2 a. 1, 3, 6, 4, 5, 2; b. 2, 4, 1, 3, 5, 6; c. 5, 6, 2, 7, 1, 4, 3

METTERE FINE A UNA RELAZIONE

1 1./b.; 2./d.; 3./a.; 4./e.; 5./c.

2 1./c.; 2./e.; 3./d.; 4./a.; 5./b.

3 a. *è meglio che ci separiamo*; b. qualche tempo ti vedo fredda, non me la sento di andare avanti; c. Questa relazione non funziona, non voglio vederti mai più

RIPASSO

1 1./a.; 2./a.; 3./b.; 4./b.

2 relazioni; incontrare; essenzialmente; inutile; il tutto non ha senso; irresistibile; intenso; il tipo; incontrarvi; finisce; ai timidi; perdere la testa

Attività video

1 a. principe; b. candela; c. colpo; d. fiori

2 VERO: a; FALSO: b, c, d, e

3 disponibili, appuntamento, centro, atmosfera; b. vogliamo, cari, amiamo, relazione, affetto, fidanzata

LEZIONE 20

INDICARE LA ZONA DOVE SI CERCA CASA

1 1./g.; 2./c.; 3./b.; 4./d.; 5./f.; 6./a.; 7./e.

2 storico; atmosfera; popolare; monumenti; chiesa; bel; ricca

DESCRIVERE LA CASA IDEALE

1

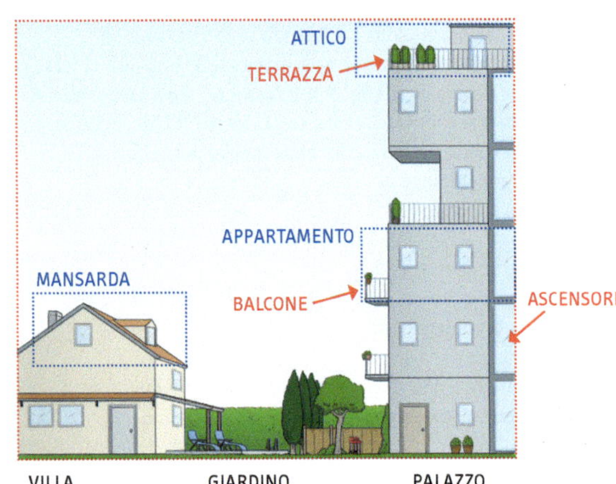

2 a. attico, centro, luminoso; b. campagna, silenzioso; c. villetta, vista; d. balcone, quadrati, piano, ascensore

3

Q	E	C	E	R	F	A	I	V	H	M	C	E	T
S	B	A	L	C	O	N	C	I	N	O	R	I	E
D	R	S	N	E	T	T	O	L	U	D	S	O	R
P	R	E	K	L	C	A	L	L	O	S	T	I	R
I	N	T	E	S	Z	I	O	E	N	B	O	G	A
S	O	T	T	I	N	E	T	T	O	I	N	O	Z
G	I	A	R	D	I	N	E	T	T	O	E	P	Z
Z	E	R	D	I	S	T	E	A	D	I	S	T	I
R	P	E	S	V	I	O	S	V	U	T	C	H	N
A	P	P	A	R	T	A	M	E	N	T	I	N	O

PARLARE DELLE SPESE RELATIVE ALLA CASA

1 1. /c. – D; 2./d. – C; 3. /b. – A; 4./a. – B

2 a./4.; b./3.; c./1.; d./2.

DESCRIVERE UN'ABITAZIONE

1 *1.In camera da letto. / F.*; 2. Cameretta. / D.; 3. Studio. / A.; 4. Soggiorno. / B.; 5. In bagno. / E.; 5. In cucina. / C.

2 In camera da letto: 5, 6; in cucina: 3, 7; in bagno: 1, 4; in soggiorno: 2

3 cucina, ambiente, tavolo, stanza, angolo cottura, ampio, vasca da bagno, bagno di servizio, lavabo, doppi servizi

RIPASSO

1 1./g.; 2./e.; 3./b.; 4./f.; 5./h.; 6./d.; 7./c.; 8./a.

2 1./e.; 2./d.; 3./b.; 4./a.; 5./c.

3 casa, appartamento, centro, luminoso, panoramica, affitto, spese condominiali, luce, compreso, intorno

Attività video

1 a. quadrati; b. cottura; c. abitabile; d. condominiali

2 VERO: a, b, e; FALSO: c, d

3 a. soggiorno, cucina, spazio, sedie, manca, vero; b. palazzi, piano, posta, comune

TEST 2

PARTE A (LEZIONI 11-15)

1 volevo, vetrina, numero, provarle, strette, grandi, stanno, preferisco, piacciono, vengono

2 1. rospo; 2. oca; 3. gatti; 4. orso; 5. pecora; 6. pesce; 7. cavallo; 8. cane

3 1. /c., animali; 2. / d., parcheggio; 3. / a., piscina; 4. / e., silenziose; 5. / b., connessione

4 vorrei, andre**bbe**, Vera**mente**, entusi**asma**, invec**e**, fid**ati**, organizz**iamo**, facc**iamo**

5 1. / b.; 2. / a.; 3. / a.; 4. / b.; 5. / a.; 6. / a.; 7. / b.; 8. / a.

6 a. Gliel' / Glielo; b. Te l'; c. me l'; d. ve l'; e. Gliel' / Glielo

PARTE B (LEZIONI 16-20)

1 1. CA; 2. CA; 3. CL; 4. CA; 5. CL; 6. CA; 7. CL; 8. CA; 9. CL; 10. CA

2 1. / f.; 2. / c.; 3. / a.; 4. / e.; 5. / b.; 6. / d.

3 **tutto**, riesco, respirare, fa, fastidio, decina, costante, bisogna, mando, specialista, smettere

4 Di che ti occupi?, Che contratto hai?, Hai ferie?, Che orario fai?, Quanto ci metti per arrivare al lavoro?, Ti piacerebbe cambiare lavoro?, Qual è il tuo sogno?

5 1. / c.; 2. / d.; 3. / a.; 4. / f.; 5. / g.; 6. / h.; 7. / e.; 8. / b.

6 1. cotta; 2. se ci lasciamo; 3. pazzo; 4. voglio bene; 5. l'uno per l'altra; 6. agio

7 1. / a.; 2. / f.; 3. / d.; 4. / b.; 5. / c.; 6. / e.

8 appart**amento**, stan**ze**, sogg**iorno**, abit**abile**, colleg**ata**, sign**orile**, mens**ile**, sp**ese**